オス
オランウータンの母子
ウンピョウ
ツノサイチョウ
サンバーのオス
バナナ
ミズオオトカゲ
オオコンニャク
ブタオザル
わたし = 久世濃子

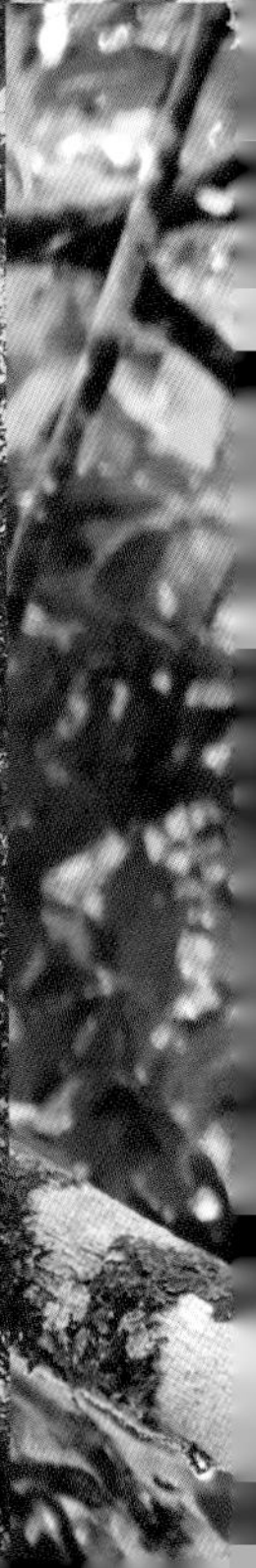

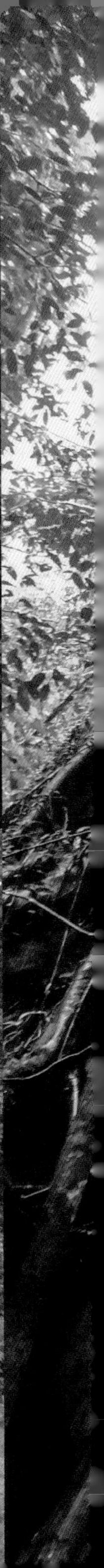

オランウータンに会いたい

久世濃子

もくじ

イラスト：秋草 愛

オランウータンはひとりで生活しています。争いも好みません。群れをつくるチンパンジーとはちがいがあります。オランウータンの文化だってあるのです。

ヒトの赤ちゃんは泣きますが、オランウータンの赤ちゃんは泣きません。わたしたちやほかのサルとは、どんなちがいがあるのでしょう。それぞれの親子関係には発見がたくさんありました。

オランウータンは、まもなく絶滅《ぜつめつ》するといわれており、その原因は、遠い日本のわたしたちの生活とも関係します。熱帯雨林のいま、オランウータンの危機。わたしたちができることを考えます。

オランウータンは、こんな生きもの！

強いオスは、顔の両側に「フランジ」が張りだします。

「のどぶくろ」を使って、「ロングコール」という大声を出します。メスやライバルのオスに自分の居場所をアピールします。

メスの大きさは、オスの半分くらいの大きさ。

大人はオスもメスも赤茶色の、長い毛が生えています。子どもは毛がオレンジ色で、ところどころはだも見えます。目と口のまわりが白色です。

足の親指が、ほかの指と向かいあっていて、手のように枝などをつかむことができます。

腕《うで》が足よりも長いです。

『オランウータンに会いたい』（2020年3月31日刊行初版）に誤りがございました。
読者の皆さまには大変ご迷惑をおかけしました。訂正してお詫び申し上げます。

	誤	正
44頁　10行目	くらの距離	くらいの距離
76頁　10行目	コンドロン	マンゴスチン
93頁　12行目	トゲの多いネシア	トゲの多いネイシア
102頁　4行目	カニクザル	カニクイザル
120頁　13行目	イノーベーター	イノベーター

なお、2刷以降はすべて修正済みです。

あかね書房

1章 わたしはオランウータン研究者！

1　オランウータンってどんな動物？

「オランウータン」と聞いて、あなたはどんなすがたを思いうかべますか？

「名前は聞いたことはあるけど……動物だよね？　サルだっけ？」という人がほとんどかもしれませんね。では「ゴリラ」はどうでしょう？　きっと黒い毛におおわれた、筋肉ムキムキのマッチョで体の大きなサルを思いうかべる人が多いでしょう。


オランウータンもゴリラやチンパンジーと同じ「大型類《るい》人《じん》猿《えん》」という、尻尾《しっぽ》がなくて体の大きなサル（霊長類《れいちょうるい》）のなかまです。ゴリラやチンパンジーは黒くて短い毛で全身がおおわれていますが、オランウータンは長い赤毛です。

「赤茶色で大きなゴリラみたいなサル」と聞いたら、そのすがたを思い出すかもしれませんね。オランウータンの体の大きさはオスで80キロくらい（ゴリラのメスと同じくらい）、メスは40キロくらい（チンパンジーのメスと同じくらい）。近くで見るとかなり大きいです。

「大型類人猿《るいじんえん》」は、じつは結構、身近な存在です。あなたの席のとなりにも、家の中にもいるのですよ。そう、わたしたち「ヒト」、学名でいうと「ホモ・サピエンス」も大型類人猿《るいじんえん》の一種です。

2　アジアの「いとこ」

オランウータンの祖先は、アフリカ大陸で誕生しました。およそ1800万年前に、ヒト、チンパンジー、ゴリラの共通の祖先とわかれて

木の上のオランウータン。お母さんのリナと娘《むすめ》のケイト。

進化しました。

　わたしたちヒトのご先祖は、それよりはるか後、７００〜８００万年前ごろに、やはりアフリカ大陸でチンパンジーとゴリラの共通祖先とわかれ、そこで進化しました。わたしたちは「２本の足で直立して歩く」ちょっと変わった類人猿《るいじんえん》として独自の進化の道を歩んだ動物です。

　オランウータンの祖先は、アフリカを旅立ち、アジアへと向かっていきました。インド大陸やユーラシア大陸の南を東に向かって旅を続け、３００万

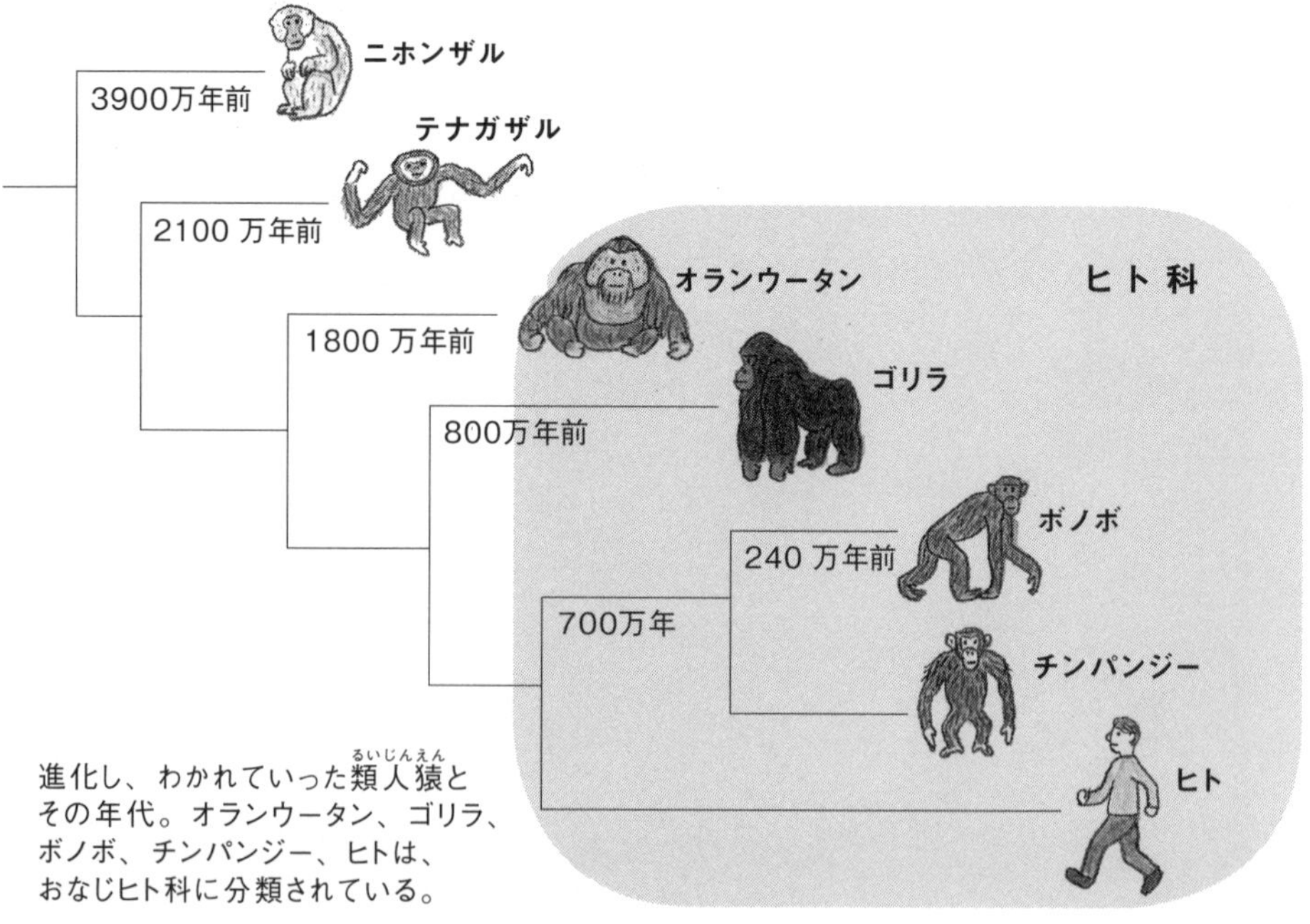

進化し、わかれていった類人猿《るいじんえん》とその年代。オランウータン、ゴリラ、ボノボ、チンパンジー、ヒトは、おなじヒト科に分類されている。

年前ごろにはスンダランド（現在のマレー半島やボルネオ島、スマトラ島が、海水面が低いため、陸続きになっていた地域）にたどり着きました。そこから先は海が広がっていたので、オランウータンの祖先もほかの動物たちも、海をこえることはできませんでした。

ヒトの一種、ホモ・エレクトスやわたしたちホモ・サピエンスは、フローレス島やオーストラリア大陸にたどりつきましたが、それはずっと後の話です。

そう、オランウータンはヒトより早

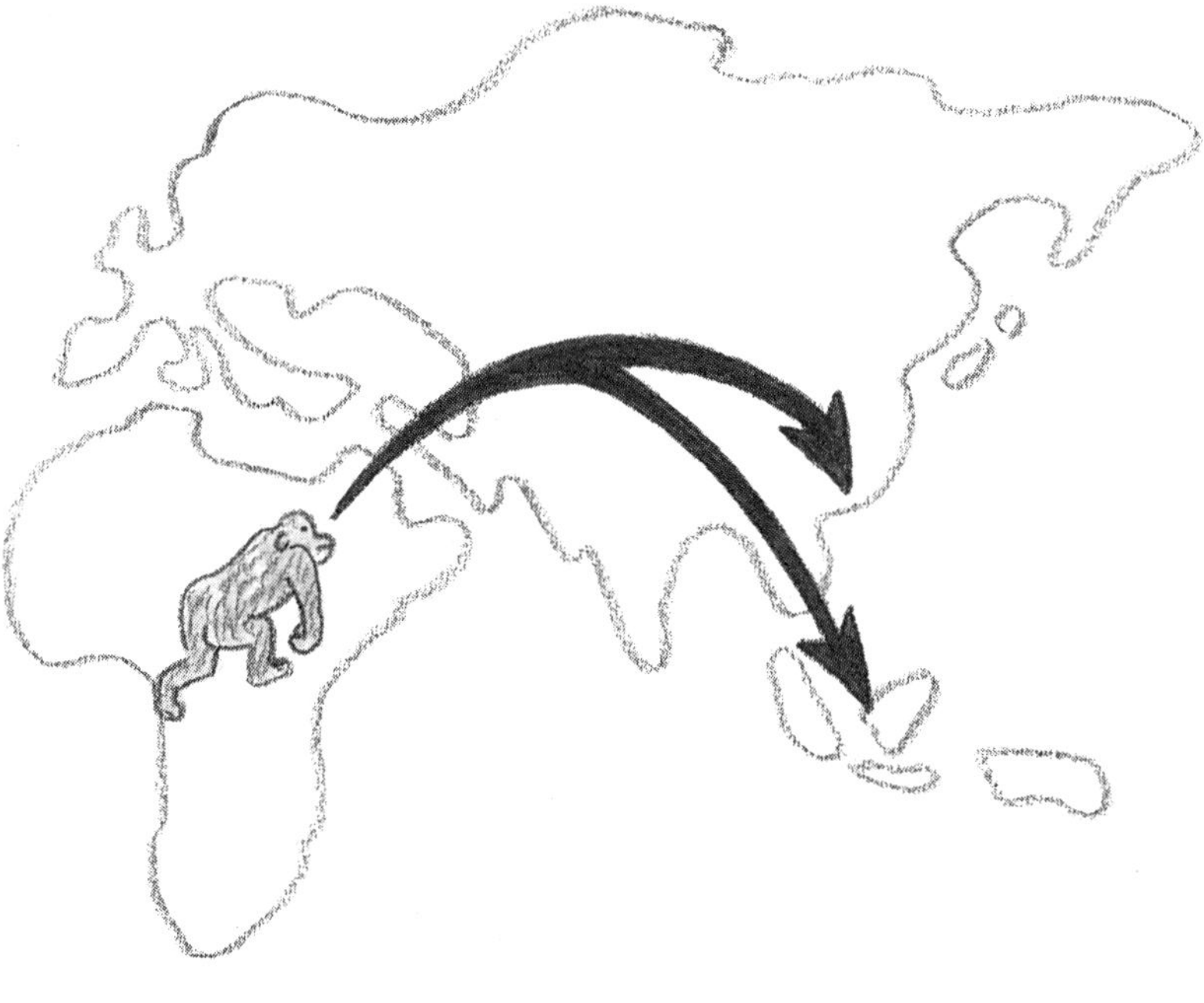

類人猿《るいじんえん》の祖先はアフリカで生まれ一部はアジアへ。

くアジアにすみつき、ヒト以外で現在までアジアに生息している唯一《ゆいいつ》の大型類人猿《るいじんえん》なのです。

わかりやすくたとえるならチンパンジーやゴリラは、ともにアフリカで生まれ育ったヒトの「兄弟」、オランウータンは遠いアジアで育った「いとこ」ともいえます。

オランウータンがたどりついたアジアの熱帯雨林は、高い木があり、1年中湿度《しつど》がとても高く、彼《かれ》らの祖先がくらしていた、乾燥《かんそう》する季節があり、高い木が少ないアフリカの熱帯雨林とは少しちがっていました。オランウータンは生きのびるために、その環境《かんきょう》にあった独自の体と能力を身につけていきました。そしてかなり「変わった」霊長類《れいちょうるい》へと進化しました。

オランウータンは「地球上で最大の樹上にくらす動物」、「最も出産の間隔《かんかく》が長くて、死亡する確率の低い哺乳類《ほにゅうるい》」、「昼に行動する（昼行性）霊長類《れいちょうるい》で単独でくらすのはオランウータンだけ」などなど、「唯一《ゆいいつ》」、「最〇〇」といった、ほかの霊長類《れいちょうるい》にはない変わった特徴《とくちょう》をいくつももっています。

この本では、わたしの研究生活とともに、オランウータンのユニークな体や生活、そしてそれらが進化してきた理由をお話ししようと思います。さあ、いっしょにオランウータンの世界を旅しましょう！

３　野生動物の研究がしたい！

まず、オランウータンの世界の旅をガイドする、わたしのことを少しお話ししましょう。わたしはもう20年近く、オランウータンの研究をしています。

子どものころからわたしは本が大好きで、毎年夏休みには１００冊以上の本を読んでいました。歴史が好きで、高校に入学するまでは、「大学は、文学部史学科に進学して日本史の勉強をしよう。それから将来は公務員になって、休みの日は好きな本を読みふける生活がしたいな」と思っていました。

しかし、いくつかの出会いがわたしを研究の道に進ませました。高校では、生物が専門だった担任の先生との出会いがありました。そして『野生のエルザ』シリーズのような、大好きな動物の本がきっかけとなって、大学を受験するころには「野生動物の研究をしてみたい！」と思うようになったのです。

大学では、エコツーリズムや、農業用水路にくらす小さな魚や甲殻類《こうかくるい》などの淡水《たんすい》動物の研究をしていました。そして大学を卒業して、さらに大学院に進み、修士課程1年（大学院には修士課程と博士課程があります）のときからオランウータンの研究を続けています。

じつはわたしは、一度は野生動物の研究をあきらめて、まったく関係のない仕事に就職しようとしていました。というのも、野生動物の研究をしたくて入った大学でも、研究を活かした仕事につくことができず、苦労している話を見聞きしていたからです。

でも、どうしても野生動物を研究したいという気持ちがおさえられず、「大学院修士課程の2年間だけでもいいから野生動物の研究をしよう！」と決心しました。

大学4年生のとき、「野生動物の研究をするなら、どこがわたしにあっているだろう」と、あちこちの大学院の研究室を調べて、ここならいいかもしれないと思ったのが、動物の行動や生態を研究している東京工業大学の幸島《こうしま》司郎《しろう》先生の研究室でした。当時の幸島《こうしま》研究室には、霊長類《れいちょうるい》、マメジカ、サイ、イルカなど、いろいろな種類の動物を研究している大学院生が、何人もいました。

はじめて訪ねた幸島《こうしま》研究室で、先生はいきなり、「動物の研究者になりた

左から幸島《こうしま》先生、類人猿《るいじんえん》研究者のファン・シャイク先生とわたし。

いなんて、『芸能人になりたい』っていうのと同じだぞ。好きなことで飯を食っていくということは、運も実力も両方必要。金になるわけでも、誰《だれ》かにほめてもらえるわけでもない」とおっしゃいました。

　迷いながらおずおずと研究の世界に足をふみ入れようとしていたわたしに、幸島《こうしま》先生はいきなり厳しい現実をつきつけてきたのです。でも、わたしはかえって「この先生は信頼《しんらい》できる人だ！」と感じました。

　幸島《こうしま》先生は、その言葉のあとにこうもおっしゃいました。

「それでもどうしても動物の研究をしたいというバカなやつは、俺《おれ》は人類の宝だと思う！」

　その思いがけない言葉にわたしはとてもビックリしました。「役に立たない」ということを、こんなふうに力いっぱい認めてはげましてくれる人に、わたしはそれまで会ったことがほとんどありません。

「この先生のもとでなら、きっと思う存分、野生動物の研究ができる！」と確信したわたしは、東京工業大学の大学院を受験しました。試験はむずかしく、合格ラインすれすれでしたが、ぶじに合格し、念願の野生動物の研究に取りくむことになりました。

4　オランウータン研究を目指したのは

大学院では研究のテーマを決めなくてはなりません。野生動物といってもいろいろな動物がいます。そこでわたしは、もともと好きだった中型から大型の哺乳類《ほにゅうるい》、できれば霊長類《れいちょうるい》を研究したいと思っていました。

それというのも多くの哺乳類《ほにゅうるい》は「嗅覚《きゅうかく》（におい）」の世界に生きていますが、霊《れい》長類《ちょうるい》は嗅覚《きゅうかく》より視覚が発達しています。わたしは子どものころから鼻が悪く、「におい」には鈍感《どんかん》なほうだったので、彼《かれ》らに親近感をもったのです。

大学生のときにも、いろいろな野生動物の本を読んでいました。そこで気づいたことがあります。霊長類《れいちょうるい》の中でもオランウータンに関する日本語の本は、とても少なかったのです。わたしは「チンパンジー、ゴリラとならんで有名な大型類人猿《るいじんえん》なのに、なんでこんなに情報が少ないのだろう」「オランウータンって研究されていないのかな？」とふしぎに思っていました。

　そのなぞが心に引っかかっていたのでしょう。初対面のとき、幸島《こうしま》先生に「で、きみは何の動物を研究したいの？」と聞かれ、深く考えもせずに「オランウータン」と答えていました。

「オランウータンか。それはおもしろいな！」という幸島《こうしま》先生の一言で、わたしは修士課程でオランウータンを研究することになったのです。

　それがわたしとオランウータンの運命の出会いです。「子どものころからオランウータンが大好き！」だったわけではなかったのですが、そのときから20年続けることができています。ふしぎなものですね。

　20年近くたった今になって思いますが、「オランウータンが研究したい」という学生に対して「それはいいな」と背中を押《お》してくれる先生は、世界中探しても、まずいないだろうと思います。

それというのも、オランウータンは、研究するのがとてもたいへんな動物で、「オランウータン研究者」になるのも、オランウータン研究者として生きていくのも、とってもむずかしいからです。

今でも、大学などの研究機関に所属して、オランウータンを専門にしている研究者は、世界に数人しかいません。オランウータンの研究の本が少なかったのも当然です。

しかし当時のわたしはそんなことも知らず、幸島《こうしま》先生もそこまでオランウータンや霊長類《れいちょうるい》にくわしいわけではなかったのでしょう（幸島《こうしま》先生は、もともと氷河に生息する昆虫《こんちゅう》の研究者でした）。

わたしは知らず知らずのうちに、無謀《むぼう》ともいえる挑戦《ちょうせん》に向かっていくことになったのです。

5　オランウータンの研究ってたいへん！

修士課程でオランウータンを研究することになったわたしに、幸島《こうしま》先生は「まず動物園に行って、オランウータンを見てきなさい」と言いました。

大学院生にはまず本や論文といった文献《ぶんけん》を読んで、勉強するように教える先生が多いのですが、幸島《こうしま》先生の指導方法はちょっと変わっていました。

幸島《こうしま》先生は、野生動物を研究したいという学生を、いきなり野生の生息地に送り出すよりも、動物園や水族館などで飼育されているすがたをしっかり観察して、その動物を見る「目」、つまり観察眼を身につけることがだいじだ、という考えをもっていたのです。

東京の多摩《たま》動物公園でオランウータンが飼育されていたので、わたしは大学院の授業の合間に動物園に通い、観察をはじめました。

当時、多摩《たま》動物公園には8頭（メス6頭、オス2頭）のオランウータンが飼育されていました。当時のオランウータン舎は開園当初のままの古い施設《しせつ》で、現在のように高いタワーもロープもなく、オランウータンたちは地面をウロウロ歩くか、じっと休んでいることがほとんどでした。

観察をはじめる前から、少ないながらも本を読んで勉強していたので、ゴリラやチンパンジーは群れで生活するけれど、オランウータンはひとりでくらす動物（単独性）だということは知っていました。

実際に観察を続けてみると、6頭もメスがいっしょにいるのに（祖母―母―孫娘《まごむすめ》という三世代）、チンパンジーやニホンザルにくらべると、おたがいに社会交渉《しゃかいこうしょう》をとることが少ないことが、すぐにわかりました。

社会交渉《しゃかいこうしょう》というのは、群れで生活するサルがよくやる、毛づくろいや、ケンカや遊びがそうです。オランウータンは、ときどきしか行いません。声を出すこともめったにありません。

じつはこれが、オランウータンの研究がむずかしい理由のひとつでもあるのです。オランウータンは飼育下でも野生でも、じっと動かない時間が長いので、目立った行動を観察してデータを集めるということがとてもむずかしいのです。研究にたくさん時間がかかるので、論文にまとめるまでがたいへんです。

6　オランウータンのことがもっと知りたい！

動物園での観察をはじめて印象的だったのは、いちばん年上のおばあちゃん「ジプシー」の、じっとわたしを観察しているかのような目線でした。ジプシーは当時40歳《さい》すぎのおばあちゃんオランウータンで、4頭の娘《むすめ》を産み育てた「ビッグママ」です。ぼうっとしているように見えるときもありますが、わたしが観察しているというより、むしろジプシーがわたしを観察しているんじゃないか、ジプシーは今何を考えているんだろう、そう思わせる彼女《かのじょ》の視線や、そう感じる自分自身がとても

多《た》摩《ま》動物公園のジプシー

ふしぎでした。

「何考えているんだろうね」、「何か考えてそうだね」という来園したお客さんの声もよく聞きました。オランウータンには「森の哲人《てつじん》（哲学者《てつがくしゃ》）」という別名があります。オランウータンは、チンパンジーなどほかのサルにくらべると、じっとしている時間が長く、声もほとんど出すことがないので、「沈思黙考《ちんしもっこう》している哲学者《てつがくしゃ》」のように感じられるのかもしれませんね。

わたしは、オランウータンが何を考えているのかを説明できることが、ほとんどありません。でも今でもジプシーの視線は思い出しますし、「このオランウータンは、何を考えているんだろう？」と知りたくて知りたくて、しかたがありません。

動物園でも、ボルネオ島の森の中でも、そう思わずにいられないからこそ、わたしはオランウータンの研究を続けているのだと思っています。

７　世界からオランウータンがいなくなるかも⁉

わたしの興味を引きつけてやまない愛すべきオランウータンですが、今は絶滅《ぜつめつ》の危機にあります。

野生のオランウータンは、１万年前ごろには中国南部からベトナムやタイ、ボルネオ島やジャワ島など、東南アジア全域に生息していたと考えられていますが、現在はボルネオ島（インドネシアとマレーシア）とスマトラ島（インドネシア）にしか生息していません。

国際自然保護連合（ＩＵＣＮ）がつくっている「絶滅《ぜつめつ》のおそれのある野生生物のリスト（レッド・リスト）」では、オランウータン属の３種（ボルネオオランウータン、スマトラオランウータン、タパヌリオランウータン）は、すべて「近絶滅《ぜつめつ》種」という「野生絶滅《ぜつめつ》種」のすぐ下のランク、つまりもう絶滅《ぜつめつ》してもおかしくない危険な状態にあるとされています。

彼《かれ》らを絶滅《ぜつめつ》の危機に追いやっているのは、くらしている熱帯雨林が年々減少していて、ときに密猟《みつりょう》されているからです。

オランウータンは、なじみの少ない「いとこ」かもしれません。でも彼《かれ》らがすむ森は、じつはわたしたちのくらしともつながっています。

いよいよ遠くて近い「オランウータン」の世界に足を踏《ふ》みいれましょう。

さあ！　扉《とびら》を今、開けます！

2章 ジャングルにオランウータンを追う！

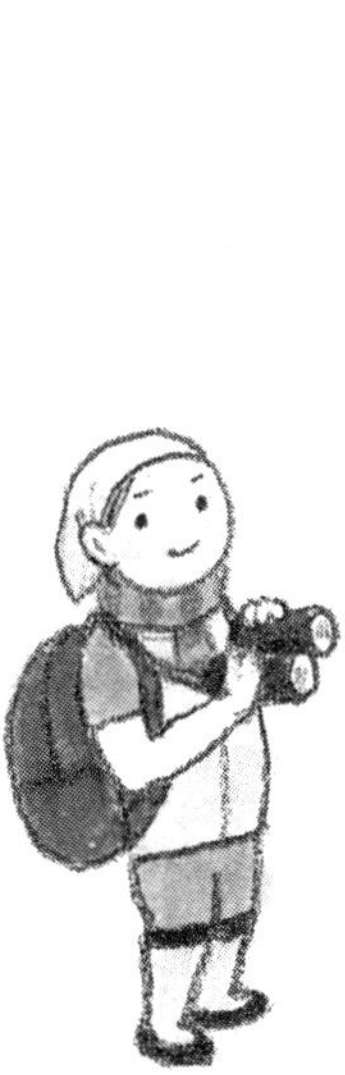

1　わたしの調査の地ボルネオ島

野生のオランウータンは、東南アジアのボルネオ島（インドネシアではボルネオ島のことを「カリマンタン島」と呼んでいます）とスマトラ島にくらしています。

ボルネオ島は、島といっても日本の本州の3・2倍の広さがある、世界で3番目に大きな島です。

そして島には「マレーシア国、インドネシア共和国（以降インドネシア）、ブルネイ・ダルサラーム国」の3つの国があります。

オランウータンは3種類いて、ボルネオオランウータンがマレーシアのサバ州とサラワク州、そしてインドネシアに、くらしています。

そして、スマトラオランウータンとタパヌリオランウータンがスマトラ島（インドネシア）の北部の限られた地域に生息しています。

わたしは長年、ボルネオ島のサバ州で調査研究をしてきました。ボルネオ島は赤道直下の島ですが、島のまん中を南北にイラン山脈がのび、その北東部に標高４０９５メートルの最も高い山「キナバル山」があります。

赤道直下とはいえ、富士山よりも高いキナバル山は、標高が上がると気温は低く、ときに雪が降ることがあります。今からおよそ1万年前の氷河期には氷河がありました。

山脈をのぞいた島の大半は標高が低く、熱帯雨林におおわれています。オランウータンは標高１０００メートルより低い場所を好むので、キナバル山をはじめ、山脈にはすんでいません。低地の熱帯雨林が、彼《かれ》らのおもなすみかです。

ボルネオ島の熱帯雨林は、氷河期の間もずっと熱帯雨林だったので、「世界最古の熱帯雨林」ともいわれています。

1年を通じて温度・湿度《しつど》が高い気候で、1年の平均気温は28度、1年の降水量は３０００ミリメートル前後です。日本は年によって差がありますが、１０００〜

２０００ミリメートルほどです。

　樹高50メートルをこえる高い木々が生えていて、多様な森林環境《かんきょう》が見られます。２万種以上の動植物の生息が確認され、毎年のように新種も報告されています。

　地球上で生物多様性がとくに高い、そしてその存在が危機にある「ホットスポット」とよばれる地域のひとつです。

　ボルネオ島は、１万年前までアジア大陸と陸続きだったので、かつてはトラやバクなどの大型動物も生息してい

熱帯雨林を前にするわたし。

ましたが、数千年前に絶滅《ぜつめつ》してしまいました。現在では島の北部の限られた地域に生息している体高２・５メートルほどの世界最小のゾウ、ボルネオゾウが島内で最大の動物です。

ほかの中型から大型の哺乳類《ほにゅうるい》は、わずか数頭しか生き残っていないスマトラサイ、マレーグマ、ヒゲイノシシ、野生のウシのバンテン、シカのなかまのサンバーやホエジカなどの偶蹄類《ぐうているい》、中型ネコ科のウンピョウなどが生息しています。

さて、多様な生物が生息する熱帯雨林におおわれた島、ボルネオ島は、日本の南西の赤道周辺にあります。日本国内から直行便に乗れば、わずか6時間でボルネオ島、サバ州のコタキナバル国際空港に到着《とうちゃく》です。時差も1時間しかありません。

わたしが調査をしているダナムバレイ保護区には、そこから、国内線に乗りかえてさらに1時間弱でラハダツ空港に、４ＷＤの車に乗りかえて土のガタガタ道を3時間走ると到着《とうちゃく》です。アフリカにすむゴリラやチンパンジーに会いに行くとしたら、3倍以上の時間がかかります。オランウータンは意外と近くにすんでいるのです。

2　はじめてのボルネオ島

わたしがはじめてボルネオ島を訪れたのは１９９８年のこと。幸島《こうしま》先生が、ボルネオ島で調査研究をしている松林《まつばやし》尚志《ひさし》さん（現・東京農業大学）のようすを見に行くのに、同行させてもらいました。

幸島《こうしま》研究室の先輩《せんぱい》である松林《まつばやし》さんは、「セピロク・オランウータン・リハビリテーションセンター（以下センター）」というオランウータンの保護施設《しせつ》の協力を得て、施設《しせつ》ととなりあう保護区の森で、野生のマメジカの調査を行っていました。

センターでは、母親を殺されて孤児《こじ》になったオランウータンの子どもを人間が育て、森に返す事業（リハビリテーション事業）を１９６０年代から行っています。

わたしはセピロクに到着《とうちゃく》した日、センターの所長にお願いして、１週間だけ、「ボランティア」として、働くことを許可してもらいました。

セピロク2日目、先生と松林《まつばやし》さんがマメジカの調査に森へ出かけた後、わたしは1人でセンターに向かいました。

朝8時、センターのスタッフは出勤している時間のはずなのに、誰《だれ》もいません。

おそるおそる森の中の小道を進み、昨日、「明日はここに来てね」と言われた、事務所兼《けん》倉庫に向かいます。

樹高40メートルをこえるような高い木が立ちならび、「ウィーンウィーン」、「コッコ、コッコ」とカエルや鳥の声

セピロク・オランウータン・リハビリテーションセンター

がうるさいぐらい響《ひび》く森の中を、不安な気持ちで歩いて行くと……事務所の前にいるオランウータンの子どもが見えました。

人間の幼稚園《ようちえん》児くらいの背の高さの子どもが、2本足で立って、長い両腕《りょううで》をバンザイのようにあげて、ゆらゆらとおぼつかない足取りでわたしに向かって歩いてきます。わたしとオランウータンをへだてるものは何もありません。

「どうしたらいいの⁉」と、かたまっているわたしに向かって、オランウータンはドンドン近づいてきます。「Ｎｏ！（ダメ！）」と叫《さけ》んでみましたが、彼女《かのじょ》はしっかりわたしの目をみて、迷いなく歩いてきます。

そして、ついに彼女《かのじょ》はわたしの右足を両手両足でがっつりつかみました。わたしは全力で引き離《はな》そうとしますが、びくともしません。「こんな小さな子どもなのに、なんて力が強いんだ！」と驚《おどろ》きました。わたしが悪戦苦闘《あくせんくとう》しているのに、彼女《かのじょ》はなんだかうす笑いをうかべているようにも見えます。そしてなんと「ジョボ、ジョボ、ジョボ」という音とともに、長靴《ながぐつ》に生暖かい液体が入ってきました。わたしに抱《だ》きついているオランウータンが、長靴《ながぐつ》の中にオシッコをしたのです！

そこで後ろから「フゥーウー」とオランウータンに呼びかける声を出しながら、レンジャー（スタッフ）がやってきました。その声を聞くと、だきついていたオランウータンはそっと離《はな》れていきました。わたしは呆然《ぼうぜん》としながら、去って行くオランウータンの後ろすがたを見送りました。これがわたしとオランウータンの「ファーストコンタクト」、はじめての出会いです。レンジャーには「セコ（このオランウータンの名前）は、とくに人間が好きで、いたずらも好きだから気をつけて」といわれましたが、後の祭りです。

その後は、レンジャーと森の中のエサ台にバナナやサトウキビを運んだり、夜は赤ちゃんオランウータンのオムツをかえたりミルクをあげたり、子守をして過ごしました。

センターで保護されたオランウータンは、３歳《さい》未満の子は檻《おり》の中で飼われ、とくに１歳《さい》未満の子は、毎晩スタッフが家に連れ帰って、人間の赤ちゃんのように世話します。

3歳《さい》を過ぎると、森の中に放されて、自由に生活しますが、自力で十分な食べ物を探すことがむずかしいことが多いので、エサ台でエサをあたえながら、スタッフが健康状態などをチェックしています。エサ台に来なくなったら、「野生に帰った（人間の助けがなくても生きて行ける）」と判断されます。

人間に育てられたセンターのオランウータンは、人間をおそれないどころか、人間が「自分たちより力が弱い、無力な動物」だと知っています。「こわいスタッフ」には一目置いていますが、わたしのような新人や観光客はなめてかかっていて、すきがあればいたずらをしかけたり、物をとろうとするので、油断できません。

でもエサ台で、長年ここに勤めているレンジャーと、カタコトの英語で会話しながら、それぞれのオランウータンの名前や特徴《とくちょう》を聞くのは本当に楽しいひとときでした。

あっという間の1週間が終わり、「またここに来たい！　それまでにもっとオランウータンについて学んでおこう！」と決意して日本へ帰国しました。

そして2年後、わたしは再びセピロクにもどり、今度はボランティアではなく、「大学院生（博士課程）」として、センターでオランウータンの調査をすることになりました。

そのあと3年間、日本とセピロクを行ったり来たりする生活をしながら、何とか博士論文を書きあげ、博士号を取得することができました。

セピロクでの3年間の調査を終えて、ますます「やっぱり野生のオランウータンを研究したい！」というわたしの思いは強くなりました。

人になれたセピロクのオランウータンは、それぞれの個体の性格が手にとるようにわかり、とても親しみを感じます。でも1日中地面でゴロゴロしているすがたや、人間から物をとろうと、ねらいをつけているすがたを見ると、「センターや動物園でオランウータンを観察しただけで、『オランウータンを研究した』ことにはならないんじゃないか。やっぱり人間と関わったことがない、野生のオランウータンの生活が見てみたい」という気持ちがおさえられなくなったのです。

２００５年、大学院を卒業したわたしは、幸《こう》島《しま》研究室に進学した後《こう》輩《はい》の金《かな》森《もり》朝《とも》子《こ》さん（当時大学院博士課程）とともに、サバ州のダナムバレイ保護区で野生のオランウータンの調査を開始しました。

３　野生オランウータンの探し方

ダナムバレイ保護区の中に、クアラ・スンガイ・ダナム・リサーチステーションという調査基地があります（名前が長いので、この本では「小屋」とします）。保護区を管理しているサバ財団と、京都大学野生動物研究センターが協力してつくった研究施《し》設《せつ》です。

わたしたちオランウータンの調査チームは、この小屋で寝《ね》起《お》きしながら、オランウータンの調査を行っています。ここからは、調査研究って、どんなことをするのかお話しします。

　では！

　まず、オランウータンを探しに行きましょう！

　オランウータンを探すのは、朝の7時～11時と午後3時～5時の間です。この時間にオランウータンは木の上を移動したり、食事をしたりしている可能性が高いのです。

　早朝や夕方は、森の中が暗くて、探すのがむずかしいですし、昼間は、オ

クアラ・スンガイ・ダナム・リサーチステーション

ランウータンは木のまたなどの見えにくい場所に入りこみ、長い時間休むなどして動かないので、ほぼ見つけることができません。

森の中には大木がたくさん立っています。大人3、4人が手をつないでようやく一周できるほどの太さで、樹高《じゅこう》が50メートルをこえるような木です。その間を埋《う》めるように10〜30メートルの低木が生えていて、地面（林床《りんしょう》）には木漏《こも》れ日がチラチラとさす程度です。

上を見上げても、葉のすきまから青空が小さくのぞくだけ。うす暗い森のなかでは、周囲からいろいろな虫の声や鳥の声、カエルの声が聞こえて、とてもにぎやかです。

ではオランウータンの声や音はどうでしょう？

耳をすましても、オランウータンの声はめったに聞くことができません。この森にすむほかの昼行性（明るい時間によく活動する性質）の霊長類《れいちょうるい》、カニクイザルやクリイロコノハザルは、群れをつくって生活しているので、なかまどうしで鳴き交わす「クー、クー」といった声や、複数の個体が次々と木の枝に飛び移るときにする「バサーバサー」といった音で、見つけるのはむずかしくありません。

しかし単独性のオランウータンは声を出すことはほとんどなく、ひっそりと木の上を移動していきます。しかもオランウータンの赤茶色の毛は、木の上では枯葉《かれは》のかたまりとよく似ているので、じっとしている彼《かれ》らを見つけるのは至難の技です。わたしたちも調査をはじめたばかりのころは、オランウータンを見つけることがなかなかできませんでした。

でも今は、早ければ数時間、ふつうは１～２日でオランウータンを見つけることができます。といっても、果実が少なく雨の多い時期は、１週間探しても見つからないことがありますが……。

オランウータンを見つけるとっておきの技をお教えしましょう。じつは、音以外にオランウータンを見つける手がかりがあるのです。

それはオシッコやウンチのにおい！

どんなにおいかというと……みなさんのウンチやオシッコのにおいに近いのですが、もう少し臭《くさ》くないかな、という感じです。オランウータンが基本的に肉を食べないことに関係しているのかもしれませんね。動物園でサルのウンチのにおいをかいでみてください。近いにおいかもしれません。

わたしは、森の中に続く小径「トレイル」をゆっくり歩きながら、オランウータンのにおいがしないか鼻をたよりに探します。

４　においを追え！

例えばあるときの調査はこのような感じです。

調査は、３人の調査助手と１人の研究者が２人ずつの２チームにわかれて、ときどき無線機で連絡《れんらく》を取りあいながら、オランウータンを探します。

うん？
かすかなにおいがするけど、これはずっと前のにおいみたい。

この先に、オランウータンが好きな実をつけたイチジクの木があるから、その辺りを探してみます。
　イチジクの木のまわりでもオランウータンのにおいはしない……ここで少し待ってみましょう。調査のときは

高いこずえに動いているものはないか探す。

いつも持ち歩く、折りたたみのいすに座って、静かに耳をすまして待つこと1時間。すがたを見せなかったので、再び歩いて探しはじめます。

ほかのチームも見つけられないようです。時計を見るともう11時、あぁ！　オランウータンを探す時間がタイムアップ。その日の午前中は、これでおしまいです。小屋にもどって昼食（朝つくったお弁当）を食べて、ひと休み。午後3時、また2チームにわかれて、オランウータンを探しに出かけます。

おっ！　今度は強いにおいを感じました。

近くにオランウータンがいるはずです！

トレイルから森の中にわけ入り、果実が実った木のまわりはとくに注意深く、葉の間に見える赤茶色の腕《うで》や頭、かすかにゆれている枝を見のがさないように探します。果実を食べる音や、食べかす（果物や木の皮）が、地面に落ちる音が手がかりになることもあります。

調査助手と２人で、耳をすまして、上を見上げたり、下を見たりしながら進みます。すると頭の上で「ザザー」と枝がゆれる音！　直径５センチメートルほどの細い木のツルにくっついている赤茶色のかたまりから、となりの枝に向かってのばされた長い腕《うで》が見えました。

オランウータンだ！

しかもよーく見ると、後ろに小さな個体がついてきているようです。どうやら母子のよう。

双眼鏡《そうがんきょう》で顔を確認すると、このあたりでよく見かけるリナという名前のお母さんでした。いっしょにいるのはリナの娘《むすめ》のケイト。今日と明日は、この母子を追いかけましょう！

5　オランウータンよりも早起き

翌日の朝5時、空にはまだ天の川がくっきり見えるなか、出発。昨日見つけたリナを追います。

「ホォーホォー」というボルネオギボン（ミューラーテナガザルともよばれます）の声を聞きながら、真っ暗な道を歩いていると、懐中《かいちゅう》電灯の明かりに照らされて光る目が4つ、6つ、8つと増えていき……何かと思ったら、4頭のサンバー（シカ）が道のわきに立っているのがわかりました。群れでいるので安心しているのか、わたしが2メートルくらいの距離《きょり》まで近づいても逃《に》げません。

昼間の森の中では彼《かれ》らに出会うことはほとんどないので、体長2メートルもあるこんな大きな動物が、オランウータンと同じ森にすんでいるとは、意外な感じがしました。この時間ならではのうれしい出会いです。

そうこうしているうちに、昨日、リナを追って見つけた「ネスト（ベッド）」がある場所に近づきました。ネストはオランウータンが寝《ね》るときに、集めた木の枝を曲げてつくる寝床《ねどこ》です。わたしたちはトレイルをはずれ、森の奥《おく》へと入っていきます。５時半、まだ森の中は暗く、夜に鳴く虫たちの声が響《ひび》いています。

前夜は、リナがネストをつくり、18時半までに寝《ね》つくのを確かめました。６時の日の出を待ち、明るくなったところで、双眼鏡《そうがんきょう》でネストをのぞいてみます。リナたちはまだネストの中にいるでしょうか？

あっ！　手が動いている、よかった～。

調査チームが帰るのを待っていたかのように、夜の間に移動してしまうこともあるので、朝、ネストの中にいることを確かめるまでは、安心できません。

６時過ぎ、ネストのそばのツルの上をリスが走りぬけると、おどろいたのか、リナが一度起きあがり、顔がはっきり見えました。いっしょのネストで寝《ね》ていたケイトも出てきます。リナはすぐにまたネストの中にもぐりこみますが、ケイトはそのまま上の枝にぶら下がって、ブラブラと体をゆらして遊んでいます。

ときどきネストの上にドンと落ちたりしています。我が家の休みの日。わたしが寝《ね》ている布団のそばで、娘《むすめ》がピョンピョン飛びはねながら、「お母さん早く起きてよー！　お腹すいたー!!」とさわいでいたときのすがたを思いだして、ちょっとかわいそうだなとリナに同情してしまいました。

6　オランウータンの1日

7時すぎ、リナがやっとネストから出てきました。枝を伝って移動開始！　さあ、長い追跡《ついせき》の1日がはじまります。今日、リナたちは何をするのでしょうか？

まずは、トイレ！　オランウータンは夜、ネストの中でオシッコやウンチはしません。朝起きたときに、一晩分（12時間もためます！）の大量のオシッコとウンチを木の上でします。

「ジョボジョボ」という音ともにオシッコをするだけで1〜2分かかります。わたしたちはオシッコやウンチが落ちた場所をしっかり確認して、リナたちが移動してから、手分けして、サンプルをとります。このとき、最も気をつけなければいけないことは、上空から落ちてくるものを浴びないようにすることです。

わたしも調査助手たちも、オッシコやウンチを頭からかぶったことが、何度かあります。小屋や川が近いときは、さっと頭を洗うことができますが、なければあきらめて、そのまま過ごさなければなりません。要注意です。

糞《ふん》サンプルはＤＮＡ（子どもの父親を調べることができる）や、腸内細菌《さいきん》を調べるために集めます。尿《にょう》のサンプルは、栄養状態や健康状態を調べる研究に使います。

地上を移動するゴリラやチンパンジーの場合、大きな糞《ふん》のかたまりを簡単に集めることができますが、樹上を移動するオランウータンの場合、こうして1日中追跡《ついせき》しないと、糞《ふん》のサンプルも手に入れることができません。

　さてトイレをすませてスッキリしたリナたち。まずは朝食です。このときの調査は、好物の果物が少ない時季だったので、比較的《ひかくてき》いつでも食べられる、マメ科の木性ツル「スパトロブス」のやわらかい新葉を食べていました。

　ムシャムシャ、赤い新葉を口にほおばっては、少しずつ場所を変えていきます。今年5歳《さい》になるケイトは、まだ

移動するリナとケイト。

ときどきおっぱいを飲んでいるけれど、もうお母さんと同じ物も食べられるので、上の枝につかまって、いっしょに葉を食べています。

わたしが1分ごとに行動を記録し、調査助手たちがスパトロブスのサンプル（葉）を集めます。こうして集めた食物のサンプルは、後で写真にとって、種名を確認します。

1時間ほどすると、リナたちは移動をはじめました。両手両足でじょうずにツルや枝をつかみながら、すいすいと木と木の間を移動していきます。赤ん坊《ぼう》のころは、リナのお腹にいつも抱《だ》かれていたケイトも、今はひとりでツルや枝をつかみながら、リナの後を追いかけます。

と思ったら、ケイトが「キューキュー」とあまえた声で鳴いています。まだ小さいケイトは、腕《うで》をのばしても、となりの木の枝をつかめないようです。リナはケイトのいるところまでもどって来て、両方の枝をつかみ、自分の体の上をケイトに渡《わた》らせます。

オランウータンは子どもでも木登りの名人ですが、体が小さいと、大人と同じようには移動できないことがあります。ときどきこうやって、お母さんに助けてもらうことが必要です。

　オランウータンは記憶《きおく》をたよりに、実をつけていそうな木を目指して移動します。ときにはサイチョウなどの果実を食べる鳥が飛んでいく方向を見定めて、実をつけた木を見つけることもあるようです。

　1時間ほど移動して、大きなイチジクの木に到着《とうちゃく》しました。この木は、たわわに実がなっています。オランウータンは、イチジクの実が大好物。これは長くなるぞ……とわたしたちは心の中で思いました。

　リナは少しずつ場所を変えながら、直径1センチメートルほどのオレンジ色のイチジクの実を食べ続けました。ケイトもひとりで、体重の重いリナが行けないような、細い枝の先までいって、実を食べています。日がだいぶ高くなると、リナは木のまたの間にもぐりこんでしまいました。後からケイトも同じ場所に入りこみます。

長いお昼寝《ひるね》になりそうです。

7　リナたちとわたしたちのお昼ご飯

リナたちが入りこんだ木のまたを見張りながら、交代で昼食です。小屋を出るときに持ってきた、ご飯の上に鶏《とり》の唐《から》揚《あ》げ1個が乗ったお弁当が定番。わたしたちが食べ終わり、12時ごろ、助手のピオが最後に食べはじめたところで、急にリナが動き出しました。

「わー！　待ってよ！」というピオの悲しげな声もむなしく、リナはスルスルと木を下りていきます。ケイトもあわてたように、「キューキュー」と鳴きながらリナを追いかけます。リナはケイトが追いつくのを待ってから、となりの木に移ってしまいました。

その後リナたちはどんどん移動して、かわいそうなピオがお昼ご飯にありつけたのは、2時間後でした。野生動物の観察は、いつだって人間の思い通りにはならないものです。

リナはカキ科の木まで移動すると落ち着いたようで、バリバリと木の皮をはがして、内側のやわらかい部分を前歯でけずって、食べていきます。ケイトはまだ力が弱いので、木の皮がじょうずにむけないようです。

リナのそばに寄って、じっとリナの口元を見つめています。ケイトがリナの口に入っている樹皮の端《はし》を引っぱると、リナがそっと口を離《はな》しました。ケイトがその皮の内側に小さな前歯をあてて、一生懸命《いっしょうけんめい》むこうとしています。

子どもには食べ方がむずかしい食物も少なくないので、母乳がメインの食事ではなくなっても、お母さんの助けは必要です。

8　熱帯雨林にスコール

しばらく待っていると、あやしい雲が広がってきました。ゴロゴロ……雷《かみなり》の音も聞こえてきます。ポツ、ポツ、ザザー！　すぐに雨が降ってきました。熱帯の雨「スコール」は大粒《おおつぶ》で急に大量に降ります。

雨だからといって、目を離《はな》しては、そのすきにオランウータンが移動してしまうかもしれません。わたしはポンチョをかぶり、ピオたちは折りたたみ傘《がさ》をさして、リナの観察を続けます。

リナは木の幹から枝がわかれるところに、じっとうずくまっています。ケイトはリナのお腹にしっかりと抱《だ》きついています。雨が強くなってきたころ、リナは立ち上がって、葉のついた枝に

レインカバー

手をのばし、3本ほど折り取って、それを重ねて頭の上に乗せました。これは「レインカバー（雨傘《あまがさ》）」とよばれていて、オランウータンが雨のときによくする行動です。ないよりはマシかな？　くらいしか雨をさえぎることはできないようですが、レインカバーをかぶって、リナとケイトは雨にぬれてじっとしています。

熱帯のスコールは短いことが多く、1時間もすると雨は弱くなって、空が明るくなってきます。チュンチュンと鳥の声が聞こえはじめると、雨上がりももうすぐです。雨が降りやんでも、熱帯雨林の高い木々の葉にはたくさんの水がたまっています。樹上の葉からポツポツと水滴《すいてき》が落ちてくるので、いつ雨が止んだのか正確にはわかりません。

9　ネストづくりは1日の終わりの合図

鳥の声が聞こえはじめると、リナはレインカバーをあっさり投げ捨てて、移動しはじめます。雨にぬれたし、そろそろ今夜の寝床《ねどこ》を探すのでしょうか。ちょっと動いて、若葉を食べたり、低い木の実を食べたりしながら、17時ごろ、ようやく「バキッ」という、リナが枝を折った音が森の中に響《ひび》きます。

「ボワッ・サラン！（マレー語で、ネストをつくった）」とピオたちがうれしそうに小声でつぶやき、ネストをつくった木の特徴《とくちょう》を記録しはじめます。

両腕《りょううで》と両足を器用に使って、「バキ、ミシッ」と枝を折ったり曲げたりしてたたみ、10分もしないうちに、お椀《わん》型

木の上のネスト。折れにくくよく曲がる木を好む。
木の幹に近い、枝のまたなどにつくることが多い。

のネストができあがります。

ケイトはその間、リナがネストをつくるようすを上からじっと見ていました。リナはネストの中にゴロンと横になった後、ちょっと起きあがって枝をたし、形を居心地がよいように整えていきます。リナが完全にネストの中に入り、出てこなくなると、ケイトがするすると下りてきて、同じネストの中に入ります。

ネストが動かなくなったのを確かめて、「ハビス（マレー語で「終わり」）！」とわたしが言うと、今日の調査は終《しゅう》

スタッフが用意してくれた夕食。

了《りょう》。ＧＰＳで現在地を確かめて、いちばん近いトレイルまで道なき道を歩きます。明日はケイトのデータをとって夕方から二手にわかれて新しい個体も探そう、という相談をしながら、ヘッドランプで照らされたトレイルを歩いていきます。

１日ジャングルを歩いて調査が終わると、いつも「小屋に帰って、早く水シャワー（お湯は出ません）が浴びたいなぁ」と思います。でも、調査助手がつくってくれる夕飯を食べた後も、データの整理や、明日の準備が残っています。

10　ジャングルにひそむ危険

さて、わたしがジャングルで１日中オランウータンを追いかけているとき、気をつけている危険についてお話しします。みなさんは、どのようなことだと思いますか？　ボルネオ島には人間を襲《おそ》うような大型の肉食動物（トラやライオン）はいないので、そうした動物に襲《おそ》われる心配はありません。でも毒をもつヘビはたくさんいます。キングコブラ、ブラックコブラ、ヨロイハブ……かまれたら死んでしまう可能性の高い、猛毒《もうどく》をもつヘビたちです。

　これらのヘビが森の中の、ひざくらいの高さの枝の上でとぐろを巻いて寝《ね》ているところや、トレイルや道路の上を通っていくのを見たことは何度もあります。幸い、調査チームでは、まだ誰《だれ》もヘビにかまれたことはありませんが、気をつけなければならない危険のひとつです。

　森を歩くときは注意深く周囲をよく見て、不用意に低木や枝をつかむことがないように注意するのがたいせつです。そして雨が降っていないときも長靴《ながぐつ》をはくなど、手足を露出《ろしゅつ》しないようにするのも対策としては重要です。

　もしヘビにかまれた場合は、かんだヘビをつかまえて殺さなくてはなりません（追い払《はら》ってはダメ）。というのもヘビの種類によって、治療《ちりょう》方法（使う血清の種類）がちがうので、かんだヘビの種類がわかるかどうかが、生死をわけることになるからです。

また東南アジアの熱帯雨林には、たくさんの「吸血ヒル」がいます。とくに雨上がりにはうじゃうじゃいて、そこここの葉の上でユラユラと体をゆらして、えもの（動物）を探しています。そで口やズボンのすそからヒルが入ってこないよう気をつければ、かまれることはめったにありません。ヒルにかまれても、しばらく血が止まらないのと、血が止まった後も数日かゆみが続くくらいで、それほど大きな被《ひ》害《がい》はありません。

ヒルは「悪い血を吸ってくれる」といわれていて、民間療法《りょうほう》や外科手術後の処置で使われることもあるぐらいなので、血を吸われても心配する必要はまったくありません。なれてくると、葉の上でユラユラしているすがたがユーモラスで、かわいく思えてくるという人もいます。

ヒルよりやっかいなのはむしろ「ダニ」です。とくにイノシシが泥浴《どろあ》びに使った水たまりや、イノシシの寝床《ねどこ》のあとは要注意。ダニがウジャウジャいるので、近づいてはいけません！

体がかゆくてダニにやられたかな、と思ったときは、着ていた服を熱湯で煮沸《しゃふつ》消毒して、消毒剤《ざい》を入れたお湯をつくって、体を洗います。それでもなかなか退治できず、目をこらしてダニを探してつまみ取ることもあります。ダニからは伝染病がうつることがあるので注意が必要です。ヒルやダニは日本の森にもたくさんいるので、気をつけてくださいね（むりにとると、頭が取れて残るので病院に行きましょう）。

アリにも注意が必要です。ヒアリ（最近日本に入ってきた、南米原産とは違う種類）とよばれるアリにかまれると、焼けるような痛みで思わず飛び上がるほどです！何と言っても「火アリ＝ファイアーアント」というくらいですから。

わたしもかまれて、痛さのあまり森の中でピョンピョンはねたことがあります。でも、はねたところで痛みがなくなるわけではありません。

ほかにも隊列を組んで歩く軍隊アリや小指半分くらいの体長がある大きなモリオオアリなど、森の中にはさまざまな種類のアリがたくさんいます。不用心に倒木《とうぼく》の上や地面にドカッと座ると、こうしたアリたちにかまれるので、わたしたちはいつも折りたたみできるいすを持ち歩いています。

ハチにはヒトも刺《さ》されますが、花が多い季節には、オランウータンも刺《さ》されて、逃《に》げまどっているすがたを目にします。人間がハチに刺《さ》された場合、アナフィラキシーショックというアレルギー反応が起きると、窒息《ちっそく》の危険があるため、ショック症状《しょうじょう》を和らげる注射（エピペン）も、用意しています。

もしハチなどの虫に刺《さ》された場合は、「ポイズン・リムーバー」などの器具を使って、すぐに毒液を吸い出すのが効果的です。

意外と危ないのが「植物」。触《ふ》れただけでかぶれてしまう植物や鋭《するど》いトゲをもつ

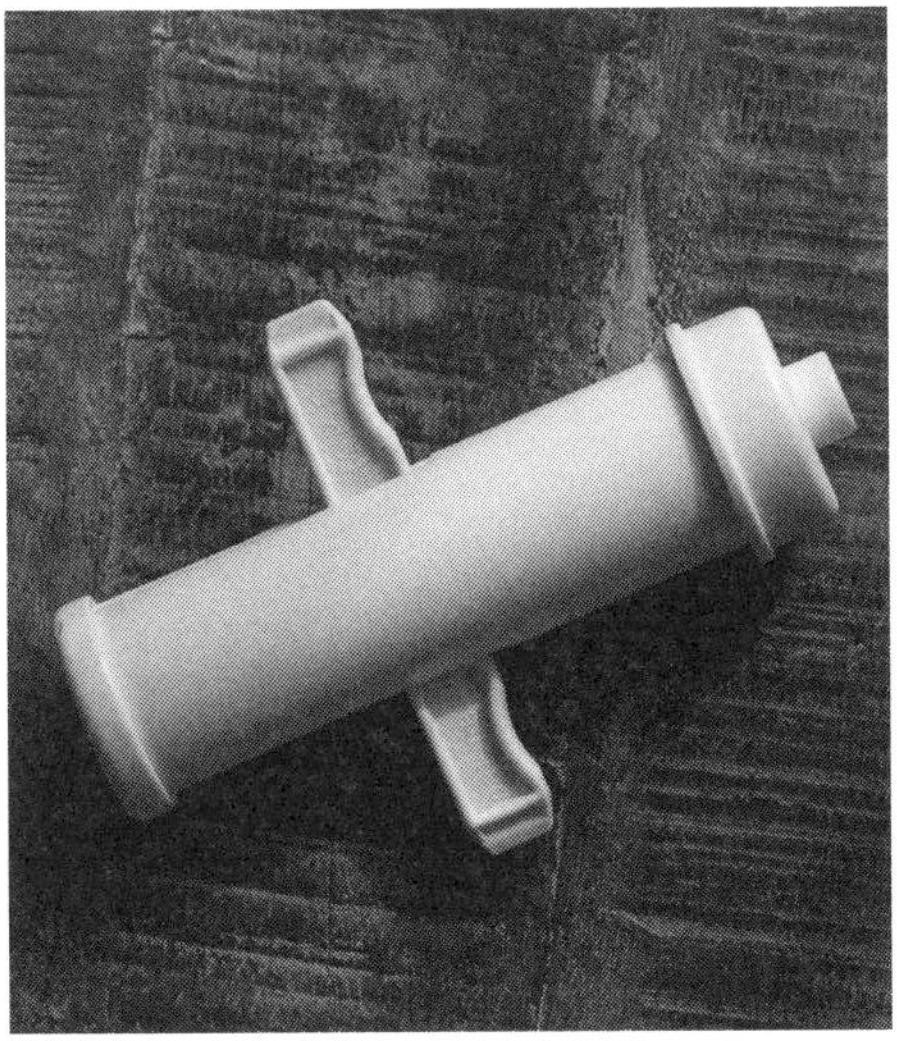

ポイズン・リムーバー

植物が、森の中にはたくさん生えています。これも長袖《そで》長ズボンを着用して肌《はだ》を出さないようにするのがいちばんです。わたしも何の植物かわかりませんが、かぶれてしまい、腕《うで》がパンパンにはれたことがあります。

11　ジャングルで迷子

わたしは今まで危ない目にあったことはほとんどありませんが、それでもヒヤッとした経験はあります。

森の中で迷子になったことです。まだダナムバレイの森で調査をはじめたばかりのころ、わたしは助手のピオと２人で夜７時近くまで、小屋から５キロメートル以上離《はな》れた場所で、オランウータンを追いかけていました。

夢中だったピオとわたし。気がつくと、今までにないほど遠くまでオランウータンを追いかけてきてしまっていました。辺りはすでに真っ暗で完全な夜。ヘッドライトの明かりも真っ暗なジャングルでは心細いものです。

ＧＰＳを見て、いちばん近い道路まで最短距離《きょり》でもどろうとしましたが、びっしりと生えたやぶにはばまれて、進むことができません。周囲は夜に鳴く虫やカエルの声が響《ひび》き渡《わた》り、生きものの気配が濃厚《のうこう》です。このまま何の準備もなく、野宿する羽目になるのではと、どんどん不安になりました。

さらにピオが「コンパス（方位磁針）が読めない！　道に迷った！」と言い出し、わたしはパニックになりかけました。でもよく見ると、ピオはＧＰＳの上にコンパスをのせているではないですか！

電子機器の上にコンパスを乗せると、正確な方位を示さなくなります。ピオにそのことを教えて、もう一度２人でＧＰＳをよく見て、遠回りだけどオランウータンを追いかけながら歩いてきた道をもどろう、ということになりました。

オランウータンを追いかけているときに、ナタで切った枝や踏《ふ》み跡《あと》をたどりながら、30分以上歩いてようやく道路に出たときは、夜９時を過ぎていました。文字通り、ピオと２人で抱《だ》きあって喜びました。

それ以来、オランウータンを追跡《ついせき》するときは深追いしないこと、いつでも帰り道のことを考えて行動することを、わたしもピオも意識するようになりました。調査ではむりをしない。そして冷静に状況《じょうきょう》を見極めることもだいじなことです。

これがわたしの調査の１日です。これを何日もくり返します。多くの研究者がこのような地道な研究をくり返し、論文を書くことでさまざまなことがわかってきます。次の章では、今わかっているオランウータンのくらしを紹介《しょうかい》します。

3章 オランウータンのくらし

1　オランウータンの食物事情

ここでは、オランウータンのくらしを紹介《しょうかい》します。

サル（霊長類《れいちょうるい》）の食べ物といったら「バナナ」を思いうかべる人が多いでしょう。動物園で飼われているサルたちには、バナナが好きなものが多いのは確かです。オランウータンにも、やはりバナナ好きが多いようです。では、ボルネオ島の森の中で、オランウータンは毎日おいしいバナナを食べているのでしょうか？

オランウータンやチンパンジーなどの大型類人猿《るいじんえん》は、霊長類《れいちょうるい》のなかでも単純な消化器をもっています。食べ物を消化するための特殊《とくしゅ》な機能をもっていないので、かたい木の葉よりも、消化しやすい果物を好みます。

植物にとって葉は、光合成してみずからエネルギーを生み出すためのだいじな器官です。植物としても食べられたくないのでしょう。熱帯雨林の木々は、動物から守るために葉にたくさんの毒物（化学物質）をためこんでいるものが多いので、葉を食べて栄養をとることは、とてもむずかしいのです。

一方、果実や種子はというと、動物が食べて、どこかでうんちとして出されることで、種子を広い範囲《はんい》に運んでもらえます。そのため植物としては、どちらかというと、どんどん食べてもらいたい。

熟した果物には毒が少なく、栄養が豊富です。もちろん、オランウータンだって消化しやすく栄養満点の果物のほうが大好物です。

2　ボルネオ島の植物事情

南国というと、いつでも色とりどりの果物であふれているようなイメージがありますね。確かにフルーツシーズン（サバ州だと毎年10月前後）にボルネオ島を訪れると、市場や路上では、ドリアンやマンゴスチン、ランブータンなどの変わった形や色をした、あまいトロピカル・フルーツが山のように積み上げられて、売られています。

　しかし、ボルネオ島の森では「あまくておいしい果物は数年に1回しか食べられない」という厳しい現実があります。毎年、同じ時期に森に入っても、おいしそうな果物が見当たらないということもよくあります。

　売られているような果物は品種改良され、農園で育てられているので、毎年決まった時期に実をつけますが、森の中の野生の木々は、数年に1回しか

風に乗って飛ぶ「羽」がついた熱帯雨林の果実。左がフタバガキ（提供：田島知之）。

実をつけません。東南アジアの熱帯雨林では、数年に1回、さまざまな植物が同時に開花して実をつける「一斉《いっせい》開花」「一斉《いっせい》結実」が起きることがあります。ボルネオ島の熱帯雨林で、最も数が多いのは「フタバガキ科」とよばれるグループの木です。ナッツのような茶色の丸い実に、2〜5枚の「羽」がついていて、2枚の羽から「フタバ」ガキと名づけられました。クルクルと回りながら果実（種子）が飛んでいくこの木は、数年に一度、いっせいに開花して実をつけるといわれています。

そして、フタバガキ科以外の植物、ドリアンがふくまれるパンヤ科やランブータンがふくまれるムクロジ科なども同じようにいっせいに開花します。どれくらい花が咲《さ》くかは年によってちがい、大規模な一斉《いっせい》開花は10年に1回ほど、中小の規模の開花・結実は2〜3年に1回くらいです。

一斉《いっせい》開花がどうして起こるのかはまだ研究中で、エルニーニョ現象（海面水温が平年より高くなる）などによって引き起こされる、一時的な低温と乾燥《かんそう》を合図にしている、という仮説が有力です。オランウータンにとって、数年に一度の一斉《いっせい》結実のときは、毎日毎日おいしい果物が食べ放題の天国のような生活です。でも一斉《いっせい》結実のあと、ほとんど果実が実らない期間が1～2年続きます。

3　果実が実らない年は……

果物が実らないとき、オランウータンは何を食べているのでしょうか？　じつは森には、一斉《いっせい》開花・結実とは関係ない種類の木もあります。

その代表が「イチジク」です。森の中には、実をつけているイチジクの木がどこかに必ずあります。日本でも秋になるとスーパーなどで中東原産の大きなイチジクが売られていることがありますが、ボルネオ島の熱帯雨林で見かけるイチジクは大きさもさまざまです。

イチジクの大木

イチジクは、実の中に小さな花がたくさん咲《さ》く、ちょっと変わった植物で、イチジクコバチというハチだけが受粉の手伝いをしています。イチジクにはたくさんの種類（ダナムバレイでオランウータンが食べているイチジクだけでも30種類以上）がありますが、1種のイチジクに1種の決まったコバチがくらしています。

オランウータンや森の動物たちが、1年中イチジクを食べることができるのも、こうしたハチたちのおかげともいえます。

イチジクの果実

オランウータンに限らず、研究のためには、関係があるほかの生きもののことも知っておく必要があります。自然を観察していると、こうした共生関係も見えてきてもおもしろいですよ。

1年中とは言いましたが、オランウータンが生活している範囲《はんい》（1〜数平方キロメートル）にあるイチジクが実をつけていなくて、イチジクも食べられない、ということもあります。そんなときにオランウータンが食べているのは、「木の葉」と「木の皮＝樹皮」です。

しかし木の葉には、オランウータンにとって毒になる成分が含《ふく》まれている場合も多く、ごく一部の種しか食べることができません。ボルネオ島には２０００種以上の木が生育していますが、このうちオランウータンが葉を食べることが確認されているのは、わずか１８０種ほどです。

葉には、果物には少ししかふくまれていないタンパク質を豊富にふくんでいる植物（マメ科のスパトロブス属など）もあるので、昆虫《こんちゅう》や動物を食べることが少ないオランウータンにとっては貴重なタンパク源でもあります。

オランウータンはフタバガキの幹やマメ科の木性ツルの皮をはいで、皮の内側を前歯でこすりとり、強くかんで出てきた樹液を飲むことがあります。栄養分はかなり少ないですが、果実も葉も少ないときに彼《かれ》らの食を支える、だいじな食べ物でもあります。樹皮も葉と同じく、食べられる種類は少なく、これまでにわたしたちが確認しているのは１５０種ほどです。

メスや子どもは地面に下りることはほとんどありませんが、大人のオスは地面に下りて、ショウガの茎《くき》を引きぬいて、中の「髄《ずい》」を食べることがよくあります。

そのほかにもまれにですが、樹上に巣をつくるアリやシロアリを食べたり、ハチの巣をこわして蜜《みつ》を食べたりすることがあります。花や竹の髄《ずい》など、植物のちょっと変わった部分を食べることもあります。果物が手に入らないときは、食べられそうな物を手当たりしだい食べているように見えます。ボルネオ島ではアリやシロアリ、ハチなどの昆虫《こんちゅう》の生息密度は低いので、滅多《めった》に食べることができません。

4　オランウータン食を試してみよう

わたしはオランウータンが食べる物を、なるべく自分でも食べて味見をすることにしています。オランウータンはわたしたちよりも苦味を感じないように進化しているので、わたしが感じた味と彼《かれ》らが感じた味は同じというわけではありませんが、彼《かれ》らの「食」の世界を少しのぞくことができます。

マメ科のスパトロプスの赤い新葉

ジャックフルーツの果実を食べるオスのオランウータン。

は、苦味もなく食べやすくて、サラダにして食べられそうです。フタバガキ科の樹皮をしごいてかむと、最初はとても苦い味が口いっぱい広がりますが、数分間かんでいると、フッと苦味が消えて無味になります。

わたしがダナムバレイで調査をはじめた最初の数年は、一斉《いっせい》結実が起こらなかったので、食べる果実はどれも酸っぱいか渋《しぶ》いものばかりで、ほんのりあま味があったらうれしくて、味がしない（イチジクに多い）のはマシなほう、というありさまでした。

「オランウータンって味がわからないのかな」と思うぐらい、ひどい食べ物ばかりでした。

ところが一斉《いっせい》結実が起こると、彼《かれ》らの食べ物は、ドリアンやコンドロンなど、あまくておいしい果実ばかりです。「こんなおいしい果物の味を知っているのに、あんなにまずいものを食べ続けているのか！」とオランウータンのくらしの厳しさを実感しました。

オランウータンを探しているときに見つけたある果実を、助手が「オランウータンが食べるよ」と教えてくれたので口に入れてみました。とたんに口の中に苦くて渋《しぶ》い味が広がり、すぐに果実をはき出して水で口をすすぎましたが、1時間以上、苦い味が口の中から消えませんでした。

この実は熟していなかったのです。わたしが今まで口にした物の中で、文句なしに「いちばんまずい物」でした。オランウータンが目の前で食べている物は、どんなにひどい味がしても「毒」ではありませんが、オランウータンが食べていない、未熟な果物などは、人間が食べると「危険」ということがよくわかりました。

未熟な果実を食べてしまったのがいけなかったのですが、それから、目の前でオランウータンが食べている物以外は、口にしないようにしています。

ところで、サルの大好物のバナナは、じつはボルネオ島が原産です。森の中にはバナナの「原種（栽培《さいばい》種のもとになった種）」も生えていますが、その果実はタネが大きく、食べる部分がほとんどなくて、わたしたちになじみのあるバナナとは似ても似つかない形をしています。今のところオランウータンが食べているのを見たことはありません。

5　オランウータンはどこにすむ？

　オランウータンがすむ熱帯雨林は樹高10～70メートルをこえる高い木々がたくさん生えています。高さのちがう木々がとなりあって立っているので、森林の環境《かんきょう》はとても複雑です。そして高い木の枝が日の光をさえぎるので、地面には光がほとんど届きません。

　そのため林床《りんしょう》に植物はあまり育たず、人の手が入っていない原生林の中は、地面にはうすく落ち葉がつもっているだけで、草もほとんど生えていません。おかげで遠くまで見通せます。

　一方、木の上には、ランやシダ植物のオオタニワタリのような着生植物がたくさ

東南アジアの熱帯雨林

ん生えていて、さらにそれらの植物の中をのぞくと、さまざまな種類の昆虫《こんちゅう》や小動物（カエルやトカゲなど）がくらしていることがあります。熱帯雨林で生物が最も豊かなのは、地面ではなく、樹上、樹冠《じゅかん》（木の上の枝や葉が集まる部分）なのです。

樹高30メートルほどのアフリカの熱帯雨林にすんでいるチンパンジーやゴリラは、長距離《きょり》を移動するときは地面を歩き、果実や葉を食べるときだけ木に登ります。一方、オランウータンは、両手両足で枝やツルをつかんで、木から木へと移動し、地面に下りることはほとんどありません。

アフリカでは、地面に生えている「草」もチンパンジーたちのだいじな食べ物ですが、ボルネオ島の地面には、ほとんど草が生えていません。

しかも高い木の上と地面の間を登ったり、下りたりをくり返すと、多くのエネルギーを使うので、すぐにお腹が減ってしまいます。高い木を上下に移動するより、横に動いてくらすほうが、体力を使わずにすみ、効率のよい移動方法だといえます。

このような移動方法でくらしているのは、オランウータンだけではありません。

オランウータンに近い、小型類人猿《るいじんえん》のギボンは、腕《うで》だけで枝から枝に、木から木へと高速で渡《わた》っていく「腕渡《うでわた》り（ブラキエーション）」で移動し、地面に降りることはほとんどありません。

またムササビやヒヨケザルなど、滑空《かっくう》する哺乳類《ほにゅうるい》の種数は、ボルネオ島が世界最多です。トビヘビやトビガエルのような「えっ、そんな動物まで飛ぶの？」と思われるような動物たちまで「飛ぶ」方向に進化したのが、ボルネオ島の熱帯雨林です。

わたしはオランウータンが高い木の上でどんな生活をしているのか体験してみたくて、洞窟《どうくつ》探検用の器具を使った「ツリークライミング」を習って、樹高40～50メートルの木に登ったことがあります。道具を使っても、15～20メートルの高さまで登るだけでヘトヘトになります。30メートル以上の高さまで、あっという間にスルスルと登ってしまうオランウータンは本当にスゴイ！　と思います。

木の上は、風がなくてもつねにユラユラとゆれていて、とても不安定な世界です。まわりを見渡《わた》すと、遠くまで見通すことができ、オランウータンが移動しているようすもよくわかります。

わたしは木の上で、ロープやカラビナなどの器具をじゃらじゃらといっぱいつけて、少し動くのもたいへんなありさまですが、オランウータンやほかの動物たちは、何も身につけずにスイスイと木の上を移動していきます。

まるで、緑の樹海の中を泳ぐ魚のように自由にくらしているのが、オランウータンなのです。わたしは例えるならスキューバ・ダイビングの道具を背負って、えっちら泳いでいるようなものです。

6　オランウータンのオスとメス

ここで、オランウータンそのものに目を向けてみましょう。わたしたちヒトでは、多くの男性が女性より背が高いのですが、ときには男性より背が高い女性もいます。チンパンジーのオスとメスの体格差はだいたいヒトと同じくらいです。

オランウータンとゴリラは、大人のオスはメスの2倍の大きさがあります。オスより大きなメスはいません。オランウータンのオスは体重80キログラム前後、メスは体重40キログラム前後です。オスは大がらなヒトの男性と同じくらい、メスは小学校高学年の女の子と同じくらいの体重です。

オランウータンは7歳《さい》ごろまでは、お母さんと2人っきりで生活しますが、下の子が生まれると、母親から独り立ちして、単独で生活するようになります。しかし大人と同じくらいの体格になるのは

レスリング

15歳《さい》ごろなので、7〜15歳《さい》ごろは「若者（若メス、若オス）」とよばれています。

若者たちは基本的には単独で行動しますが、2〜3頭の若オスや若メスが連れ立って数日間いっしょに行動したり、母子の後をついて歩くことがよくあります。若者どうしや子どもと若者で、「レスリング」とよばれる、樹上での取っ組みあいの遊びをしたり、メス・オスで交尾《こうび》したりすることがあります（妊娠《にんしん》はしません）。

これは遊びながら「大人になるための練習」をしていると考えられています。オスは将来のケンカの練習、メスは子どもたちと触《ふ》れあうことで、育児の練習をしています。

また、自分でじょうずに食べ物を見つけられないときは、なかまや大人メスのあとについていくことで、食べ物にありつくことができます。母親べったりだったのが、同年代の子たちと遊びまわるようになるすがたは、ちょっとヒトの中高生に似ていますね。

若者たちは、生まれ育った場所から少しずつ行動範囲《はんい》を広げ、メスは15歳《さい》くらいになると自分の行動範囲《はんい》が決まって、最初の子を出産します。同じころ、オスは生まれた場所からすがたを消します。メスの子育てについては、5章で詳《くわ》しくお話しするので、ここでは、オスのかなり変わった生き方をご紹介《しょうかい》しましょう。

7　フランジ・オス

オランウータンの大人オスには、2つのタイプがあります。この2つは外見も行動もちがいます。

フランジ・オス

ひとつは「フランジ・オス」。フランジとよばれる、顔の両側に大きく張りだした部分や、大きなのど袋《ぶくろ》を持っていて、特有のカビくさいにおいを発します。もう一方は、これらの特徴《とくちょう》がなく、一見メスのように見える「アンフランジ・オス」です。フランジ・オスはメスの2倍の大きさですが、アンフランジ・オスは、メスと同じくらいの大きさのものもいれば、フランジ・オスと同じくらいの大きさの個体もいます。

フランジ・オスは単独で生活し、フランジ・オスどうしが出会うと、ときには相手を殺してしまうほど、激しいケンカをします。野生のフランジ・オスはみんな指や顔をケガしていて、無傷のオスはまずいません。いつも激しいケンカをくり返しているのでしょう。

一方、アンフランジ・オスは、ほかのアンフランジ・オスや若者といっしょに行動することもあり、ケンカもめったにしませんし、ケガもしていません。フランジ・オスも、アンフランジ・オスに対してケンカを挑《いど》むことはほとんどないようですが、アンフランジ・オスたちはフランジ・オスをさけるように行動しています。

　オスどうしの関係がちがうだけなく、メスとの関係も異なります。フランジ・オスはのど袋《ぶくろ》を使って「ロングコール」とよばれる、１キロメートル以上先まで届く大声を出し、「オレはここにいるぞ！」と宣言します。そうすると、赤ちゃんを生む準備のできたメスがやって来て交尾《こうび》をします。このとき、ライバルのフランジ・オスが来て、ケンカになることもあります。

　一方、アンフランジ・オスはロングコールが出せないので、メスも来ません。アンフランジはメスを探して歩き、見つけたメスを何時間も、ときには何日もつけまわす、「ストーキング」をします。嫌《いや》がるメスをむりやり押《お》さえつけて交尾《こうび》することもあります。

8　フランジ・オスは強い？

見た目も行動もちがう2つのタイプのオスは、どのようなちがいで生まれてくるのでしょう？　年齢《ねんれい》で決まっているのでしょうか？　年を取るとフランジ・オスになって、若いうちはアンフランジ・オス？　それとも生まれつき（遺伝的）に決まっているのでしょうか？

じつは動物園で1頭だけでオスのオランウータンを飼っていると、10歳《さい》を過ぎるとすべてのオスがフランジ・オスになります。ということは、遺伝的にはすべてのオスがフランジ・オスになれるはずです。しかし動物園でも、何頭かのオスをいっしょに飼育していると、フランジ・オスは1頭だけで、ほかのオスはアンフランジのままで、フランジになれないという現象が見られます。野生でも20年以上、アンフランジのままだったオスが知られています。

では、何がアンフランジからフランジになるきっかけになるのでしょうか？　オスがまわりのオスと自分の強さをくらべて、「オレは強い、勝てる！」と思えると、フランジ・オスに「変身」できるようです。アンフランジがフランジ・オスに変身するのにかかる期間は約1年、男性ホルモンや成長ホルモンなどの値が急上昇《じょうしょう》することはわかっていますが、「何がきっかけで」ホルモンのスイッチが入るのかは、今もよくわかっていません。

野生下で20年以上アンフランジだったオスは、その地域でいちばん強かったフランジ・オスがほかのオスに負けた後、急にフランジ・オスに「変身」したそうです。動物園でも、飼育係がマッチョな男性から女性に変わったら、アンフランジ・オスがフランジ・オスに変わった例があります。野生下では、アンフランジのままで一生を終えるオスもいるのではないか、と考えられています。

ただし、アンフランジ・オスからフランジ・オスへ変身できるのは1回だけで、一度フランジ・オスになったら、アンフランジ・オスにはもどれません。決して後もどりできない、一生に一度の選択《せんたく》です。

メスにモテるけど、命がけのガチンコ勝負をして傷だらけで生きる孤独《こどく》なフランジ・オスと、メスにモテないけどのんびりくらせるアンフランジ・オス、みなさんはどちらの生き方を選びますか？　わたしはもちろん、早々にアンフランジ・オスのまま一生を終えることを決めて、フランジ・オスたちのバトルを横目で見ながらのんびりくらします！　でも男性たちに聞くと、「死ぬ前に1回ぐらいはフランジ・オスになりたい……かも」という意見もちらほら聞きます。

1頭のオランウータンのオスが生まれてから死ぬまでを観察した人はまだ誰《だれ》もいませんし、オランウータンのオスたちに、どっちがいい？　と、アンケートを取るわけにはいきませんが、きっと彼《かれ》らは、それぞれがドラマチックな生涯《しょうがい》を送っていることでしょう。

9　スマトラ島のオランウータン

この本ではおもにわたしが調査しているボルネオ島のお話をしてきました。ここで、スマトラ島のオランウータンたちのことも少しご紹介《しょうかい》しましょう。

ボルネオ島は「環《かん》太平洋火山帯」からはずれているため、島内に火山がほとんどなく、地震《じしん》もめったに起こりません。一方、せまい海峡をはさんだとなりの島ですが、スマトラ島は環《かん》太平洋火山帯の真上にあるため、島の中にはたくさんの火山があります。地震《じしん》も頻繁《ひんぱん》に起こり、21世紀に入ってからも２００４年と２００９年に大地震《じしん》が起こりました。この「火山」がスマトラ島にすむオランウータンたちに大きな影響《えいきょう》をあたえています。

　スマトラ島の北部に「トバ火山（トバ湖）」とよばれる大きな火山があります。

スマトラ種（左）:フランジがひし形で、毛が目立つ。毛は長めで色はオレンジ色。
ボルネオ種（右）:フランジが丸く毛は目立たない。毛は短めで色は濃い茶色。

７万４０００年前には世界最大級の噴火《ふんか》が起こったともいわれていて、全地球的に影響《えいきょう》をおよぼしてきた、巨大《きょだい》な火山です。

このトバ湖の北側にスマトラオランウータン、南側にタパヌリオランウータンが生息しています。

タパヌリオランウータンは２０１７年に「新種のオランウータン」として報告されたばかりなので、まだ不明なことが多い種です。そこでここでは、１９７０年代から研究されているスマトラオランウータンについて、紹介《しょうかい》したいと思います。

スマトラオランウータン（以下「スマトラ種」）は、ボルネオオランウータン（「ボルネオ種」）にくらべて、明るいオレンジ色の体毛で、顔全体がほっそりしています。とくにフランジ・オスは、両種の間でちがいが目立ち、スマトラ種のほうがフランジの形が面長で、全面に白くて短い毛が生えていて、白っぽくてふさふさとした長いあごヒゲをもっています。

ボルネオ種のフランジは丸く、あごヒゲも赤茶色で短めです。しかし子どもは両種の間でもちがいが少なく、個体差もあるので、外見だけで種を判別するのはむずかしいです（遺伝子を調べると簡単にわかります）。

スマトラ種とボルネオ種は、飼育下では交尾《こうび》して子どもをつくることができ、その雑種の子どもも、子どもをつくることができます。しかし雑種個体は純血個体にくらべて寿命《じゅみょう》が短く、自然のなかでは雑種が生まれることはないので、現在、動物園では雑種ができないように、同じ種どうしでの繁殖《はんしょく》を行うよう慎重《しんちょう》に管理しています。

スマトラ種とボルネオ種のちがいは、外見よりも行動に多く見られます。スマトラ種は、ボルネオ種より昆虫《こんちゅう》（アリやシロアリ）をよく食べ、一部の地域ではスローロリスという霊長類《れいちょうるい》のなかまをつかまえて食べるなど、肉食をすることが報告されています。

また、トゲの多いネシア（ドリアンのなかま）の実に小枝を差しこんで、じょうずに中から栄養豊富な種をかき出して食べる行動が知られています。ボルネオ種ではこのように道具を使って、食べ物を食べる行動は観察されていません。

またスマトラ種は、他個体と連れだって行動することが多く、とくに子連れのメスが二組で行動する場面がよく見られます。これは火山性の土壌《どじょう》のほうが、栄養分が豊富なためと考えられています。火山があるスマトラ島のほうが、ボルネオ島より果実が実る期間が長く、十分な食物があるため、複数のオランウータンがいっしょにすごせるのではないか、と言われているのです。他個体といっしょに行動することが多いと、道具のつくり方や使い方をたがいに学ぶ機会も増えるので、こうした行動が広まったと考えられています。

10　新しく見つかったタパヌリオランウータン

最後に、発見されたばかりのタパヌリオランウータンについても少しご紹介《しょうかい》しましょう。外見は、濃いシナモン色で、「縮れ毛」が特徴《とくちょう》だと言われています。

　スマトラ種より大きな歯、がっちりしたあごをしていますが、頭は小さいようです。松ぼっくりや毛虫など、スマトラ種でもボルネオ種でも報告がない物を食べています。

　遺伝的には最も古く、アジア大陸からスンダランドに移りすんだ祖先の直系の子孫と考えられています。約３００万年前にタパヌリ種からスマトラ種がわかれ、その後、70万年前ごろに、タパヌリ種からボルネオ種が誕生したとされています。

　同じ島内でスマトラ種とタパヌリ種が別々に進化してきたのは、トバ湖などの火山噴火《ふんか》の影響《えいきょう》が大きいと言われています。

タパヌリ種：フランジは丸い。あごががっしりしていて、毛は縮れていて、濃いシナモン色。

新種だけれどじつは「最古」のオランウータンだったタパヌリ種ですが、「世界で最も絶滅《ぜつめつ》の危機にある大型類人猿《るいじんえん》」とされています。現在生き残っているのはわずか８００頭（スマトラ種は１万４０００頭）。生息地はすでに分断され、密猟《みつりょう》やダム開発などの脅威《きょうい》もあり、深刻な状況《じょうきょう》です。

わたしは２０１９年２月にこのタパヌリオランウータンの生息地であるタパヌリ地域に行って来ました。標高が高く（１０００メートルをこえる）、温泉が湧《わ》き出ている川の両岸に広がる森が、彼《かれ》らの生息地でした。急な斜面《しゃめん》を１時間ほど登りましたが、古いネストを２個見ただけで、すがたを見ることはできませんでした。生息密度がとても低く、スマトラオランウータンの３分の１の頻度《ひんど》でしか観察できない、と現地の研究者から聞きました。温泉のわく森にすむ、世界最古のオランウータン。読者のみなさんが大人になるころまで、このタパヌリオランウータンが生きのびられるよう、わたしもできることに取り組んでいきたいと思っています。

次の章では、オランウータンが単独でくらす理由を探りましょう。

4章 オランウータンは群れたくない？

1　なぜ群れをつくるのか

さて、この本のなかで「オランウータンは昼行性霊長類《れいちょうるい》で唯一《ゆいいつ》の単独性」とお話ししてきました。

そもそも、なぜ、昼行性霊長類《れいちょうるい》はみんな群れをつくるのでしょう？いくつか理由がありますが、そのひとつは「捕食者《ほしょくしゃ》（天敵）から身を守るため」です。ほとんどの霊長類《れいちょうるい》は、その多くが熱帯雨林でくらしています。ライオン、トラ、ヒョウなどの多くの肉食動物も同じ森でくらしているので、体の大きなゴリラやチンパンジーでも、ヒョウやライオンに襲《おそ》われることがあります。樹木の上にいるサルも大型の猛禽類《もうきんるい》（タカのような肉食の鳥）やヘビがいるので安心できません。

なかまといっしょに群れをつくれば、自分が夢中で食べていても、だれかが捕食《ほしょく》者《しゃ》を見つけ、声をあげて知らせてくれるかもしれません。あるいは群れが襲《おそ》われたとき、だれかが犠牲《ぎせい》になることで、自分は逃《に》げられるかもしれません。少なくとも、1頭でいるより、なかまといっしょにいたほうが安全です。

ふたつ目の理由は「食べ物をめぐる競争に勝つため」。熱帯雨林の森の中には、さまざまな動物がすんでいます。サルと同じように、果実が好きな鳥やリスなどの齧歯類《げっしるい》、シベット（ジャコウネコ）のなかま、そしてほかの種類のサルだっています。

日本にはニホンザル1種類しかいませんが、ボルネオ島にはオランウータンと同じ森に、ギボンやリーフモンキー、カニクイザルなど5～6種類の霊長類《れいちょうるい》がくらしています。熱帯雨林では複数の種類の霊長類《れいちょうるい》がいっしょにすんでいて、食べ物をめぐって争うことがありますし、同じ種のほかの群れだって強力なライバルです。

チンパンジーは群れごとにはっきりしたなわばりをつくるので、ほかの群れのなわばりに入りこむと、争いが起こって、ときには殺されてしまうこともあるぐらい、激しく厳しい敵対関係があります。

そんな食べ物をめぐる競争の中、一頭だったらライバルたちに追い払《はら》われて何も食べることができないかもしれません。でもなかまといっしょに大きな群れをつくれば、ライバルをけちらして、お腹いっぱい食べることができます。それが群れのよいところです。

2　大きな体は安心だ

ではオランウータンはどうして1頭でくらしていけるのでしょう?

それは「大きな体で木の上で生活している」からです。

オランウータンを襲《おそ》うことができる捕食者《ほしょくしゃ》といえばトラです。ボルネオ島にはいませんが、スマトラ島にはくらしています。ボルネオ島では、体の大きなフランジ・オスは、10メートルより低い場所を移動し、よく地面を歩きます。一方、スマトラ島では、フランジ・オスでも10メートル以上の高さを移動し、とくにトラが生息している場所では、地面を歩くことがほとんどありません。

スマトラ島では、トラに襲《おそ》われたと思われるオランウータン（大人オス）の遺体が発見されたこともあり、大きな体で高くジャンプもできるトラは、オランウータンにとっても油断できない天敵のようです。

地上近くには、このような危険がありますが、木の上にいる大きな動物を襲《おそ》う捕食者《ほしょくしゃ》（肉食動物）はほとんどいません。

それどころか、オランウータンより大きな動物はいません。

大人のオランウータンが1頭で果実

カニクイザル

を食べている木に、数頭のカニクイザルの群れがやってきても、オランウータンはそのままゆうゆうとひとりで食事を続けますし、カニクザルもオランウータンを追い払《はら》おうとはしません。

　しかしオランウータンが、ほかの動物に寛容《かんよう》だからと言って、ほかがそうとは限りません。あるとき、若いオランウータンが1頭でいるときに、ブタオザルが数十頭集まった大きな群れでやってきて、追い払《はら》われてしまったことがあります。

　そんな光景を目にすると、食物をめ

ブタオザル

ぐる争いに勝つには、数の力もあなどれないな、と思います。

3　たまには群れたい？　オランウータン

ところで、オランウータンはいつからひとりでくらすようになったのでしょうか？　オランウータン、ゴリラ、チンパンジー、ヒトの共通の祖先は群れで生活していたはずです。オランウータンの祖先がアフリカを旅立ち、アジアで進化していくなかで、しだいに単独でくらすようになっていったのでしょう。

オランウータンが現在、単独でくらしている理由が、もうひとつあります。それは、東南アジアの熱帯雨林では、果実が少ない時期がとても長いことと関係しています。大きな体で群れをつくると、群れのメンバー全員がお腹いっぱいになるためには、たくさんの食べ物、とくに栄養豊富な果実が必要です。

１か所に実っている果実が少なければ、あっという間に食べつくしてしまい、果実を探して長い距離《きょり》を移動しなければなりません。その間にみんなお腹がぺこぺこになってしまいます。

ゴリラは果実が少ない時期は、葉や草をたくさん食べて、群れをたもっています。一方でチンパンジーは、果実が少ない時期は少数の群れや単独にわかれて行動し、果実が多い時期になると群れる、ということをくりかえします。

アフリカでは、1年のうちに数ヶ月、果実がたくさん実る時期がありますが、数年にわたって果実がほとんど実らないこともある東南アジアでは、オランウータンは群れでいることがむずかしくなり、単独で生活するようになったと考えられています。

では、果実がたくさんあればオランウータンもチンパンジーのように群れるのでしょうか？　3章で紹介《しょうかい》したスマトラオランウータンは、何頭かでいっしょにいることが多いですし、ボルネオオランウータンでも数年に一度の「一斉《いっせい》結実期」には、複数のオランウータンが数日間、いっしょに行動することがあります。

母子2〜3組を中心に、若オスや若メス、アンフランジ・オスなどが加わり、最大で10頭近いグループをつくることがあります。同じ木で同じ果実を食べ、1頭が移動しはじめると、みんながゾロゾロ続きます。

でも、グループのメンバーの間で、毛づくろいなどのような社会交渉《しゃかいこうしょう》はほとんど起きません。子どもどうしや若者と子どもがときどき遊ぶだけです。またフランジ・オスは、一斉《いっせい》結実のときでもグループに加わることはほとんどなく、いつも単独で行動します。群れというよりは個人主義の集まりといった感じです。

単独性の動物の中には、ナワバリをつくって同種の個体、とくに同性（オスどうし、メスどうし）を激しく追い払《はら》うことがよく見られます。しかしオランウータンはこのようなよそものに厳しい「排他的《はいたてき》」なナワバリはつくりません。

複数の個体が同じ土地を共有して利用しているので、一斉《いっせい》結実期ではなくても、同じ木で同時に同じ果実を食べることがあります。とくに果実の少ない時期に、大きなイチジクの木が実をつけると、複数の個体が集まります。

そこでもほかの個体を追い払《はら》うような行動はめったに見られません。しかし、フランジ・オスが近づいてくると、母子やアンフランジ・オスが去ることはあります。また、弱い個体が自分より強い個体を避《さ》けるためなのでしょうか、近くの木でイチジクの木からほかのオランウータンがいなくなるのを「待っている」ように見えるものがいたりします。

4　サル社会の順位

イチジクの木の周辺で見られるように、オランウータンの大人のメスどうしや、オスどうしの間には、一応順位（優劣《ゆうれつ》）関係があるようですが、オランウータンは順位を示す行動（マウンティングなどのような優劣《ゆうれつ》を示す行動）＝「あいさつ行動」がないので、上下関係ははっきりわかりません。わたしたち研究者は、それぞれの個体の行動を見て、「ベスはヤンティより強いのかな」、と関係性を推測するだけです。

動物園では、フランジ・オスは単独で飼育するのがふつうですが、複数の大人メスとその子どもたちはいっしょの展示場で過ごすことが珍《めずら》しくありません。

東京の多摩《たま》動物公園には、複数のオランウータンのメスたちがいっしょに過ごしているすがたを見ることができます。同じ動物園に、チンパンジーの群れもくらしているので、くらべてみると、同じ「群れ」でもかなりちがうことがわかります。

多摩《たま》動物公園で複数飼育しているオランウータン（2009年撮影）。

オランウータンの大人どうしはいっしょにいてもほとんど関わりをもちませんが、チンパンジーはおたがいに毛づくろいしたり、あいさつしたりと、社会交渉《しゃかいこうしょう》をするのに大忙《いそが》しです。

オランウータンは単独性の強い社会へ進化するなかで、あいさつ行動や毛づくろいなど、社会交渉《しゃかいこうしょう》の手段を失ってしまいました。

そのためケンカになると、仲直りする方法がないので、「ごめんなさい」もせずに「逃《に》げる」という行動をとります。一方で、他者に対しては、かな

多摩《たま》動物公園のチンパンジー。社会交渉《しゃかいこうしょう》をとるすがたが見られる。

りゆったりとかまえていて「来るもの拒《こば》まず、去るもの追わず」が基本です。多くの群れで生活する霊長類《れいちょうるい》では、強いもの、弱いものがあり、弱い個体はいじめられることもありますが、群れを抜《ぬ》けだして単独で生活することはほとんどできません。

一方で、野生のオランウータンの社会には「いじめ」はほとんどありません。嫌《きら》いな相手には「近寄らない」のが基本。

好ましいと思う相手に近寄って、相手もＯＫならいっしょにいられるし、嫌《いや》な場合は、相手が逃《に》げていきます。毛づくろいやあいさつのような目立つ行動がなくても、「いっしょにいるということは、たがいを受け入れている」それがオランウータンの社会です。

そんな一見関係性がうすく、さみしいようで、でもなんとなーくですみそうな、ゆるい社会でくらすオランウータンですが、動物園という閉じられた小さな空間では、また少しちがってきます。

大人のメスどうしでも相性のよい個体と悪い個体があり、相性の悪い個体どうしをむりにいっしょにすると、強い個体が弱い個体をいじめることがあります。わたしも昔見たことがありますが、弱いメスがひたすらおびえたすがたで、「ゴホッゴホッ」と強いメスに向かって、怒《おこ》ったときの声を出していました。

一方で、自分の娘《むすめ》にいじめられていた新入りの（血縁《けつえん》のない）メスをかばった、おばあさんオランウータンもいました。こうした野生では見ることができないすがたを観察していると、オランウータンも目立ちはしませんが、高度な社会性をもっていることを感じることができます。

5　ヒトの社会

ところで、わたしたちヒトはもともと「どんな社会でくらすサル」なのでしょうか？　ずっと同じ土地にすみ、大家族（血のつながった個体の群れ）でくらす、ニホンザルと似たような社会だと、思っている人も多いかもしれませんね。

でもじつは、もともとのヒトの生活は、ニホンザルよりもオランウータンやチンパンジーの社会に近いのです。

現代のわたしたちは、食べ物をおもに農業と漁業（養殖《ようしょく》を含《ふく》む）によって生産し、お金を使って物やいろいろなサービスと交換《こうかん》する生活をしています。でもヒトが農耕をはじめたのはわずか1万年前です。

ホモ・サピエンスが誕生したのは20〜30万年前と言われていますが、そのほとんどの期間、ヒトは「狩猟《しゅりょう》採集生活」という、野生動物を狩《か》り、野生の植物を採集する生活をしていました。チンパンジーに似ていますね。でも、こうした自然の恵《めぐ》みにたよる生活では、広い森や草原の中に、いくつかの家族が集まって村をつくって生活していると、村の周囲で食べられる動物や植物が少なくなったときに、新しい場所に移動しなければなりません。

現在、地球上で「狩猟《しゅりょう》採集生活」を続けている人々はほとんどいませんが、アフリカの草原や森、南米や東南アジアの熱帯雨林でわずかに生き残っている狩猟《しゅりょう》採集民族の生活を観察させてもらうと、わたしたちの祖先がもともと「どんな生活をしていたのか」を推測することができます。

こうした狩猟《しゅりょう》採集社会の特徴《とくちょう》は「助けあいと平等」です。お父さん、お母さん、子どもたちからなる「核《かく》家族」が基本です。ポイントは「大家族でないこと！」です。核《かく》家族が数家族集まって一時的な村をつくります。

例えばＡさん、Ｂさん、Ｃさん一家が集まって「村」をつくっても、村には決まったリーダーもいないし、となりの村（グループ）とケンカすることも滅多《めった》にありません。

Ａ家のお父さんがイノシシを取ってきたら、Ａ、Ｂ、Ｃの全員で平等にわけあって食べ、Ａ家でひとり占《じ》めするようなことは絶対にしません。またＣ家のお母さんが大量の果物をとってきたら、これもみんなでわけあって食べます。

狩《か》りが失敗したり、食べられる草や果物を見つけられなくても、みんなで助けあうことで、より多くの人が生きのびられる社会を築いています。

また村の場所もメンバーもよく入れ変わります。ある日A一家が出て行って、D一家が村に入ってくる、といったことはふつうです。なので、「村八分」のような、なかまはずれやご近所トラブルもほとんど起きません。ちょっと気まずくなったり、「あの人嫌《いや》だなあ、困るなぁ」と思ったら、その村から出ていって、気のあう家族と新しい村をつくればいいのです。

いっしょに行動するなかまを選べるというのは、小さなグループが合流して大きな群れをつくったり別れたりする、チンパンジーの社会にも似ていますね。こういった、大きな群れのメンバーが、複数の小さなグループにわかれたり、合流したりすることがくりかえされることを、専門的な言葉で「離合集散《りごうしゅうさん》」といいます。

ところで、狩猟《しゅりょう》採集社会では、読者の皆《みな》さんと同じくらいの年代の子どもたちは、どんなくらしをしていると思いますか？　子どもたちは狩猟《しゅりょう》や採集の技術を学ぶために、大人たちから厳しく指導されているのでしょうか？

じつは狩猟《しゅりょう》採集社会には、現代社会のような子どもたちを集めた「学校」や「保育園（幼稚園《ようちえん》）」はありません。赤ちゃんのうちは、家族や村のなかまの助けを借りて母親が世話をすることが多いのですが、一人歩きができるようになると、子どもだけのグループをつくって自由に過ごします。

狩猟《しゅりょう》採集社会では人口が少なく、子どもの死亡率も高いので（３人に１人の子どもは、大人になる前に死んでしまいます）、同い年の友だちはほとんどいません。いつもいっしょにいる遊びなかまは年上か年下です。

こうした異なる年齢《ねんれい》の子どもたちは、大人の後をついて歩いたり（狩《か》りや植物採集の「まね」や手伝いをしたり、ただ見物している）、歌ったり、踊《おど》ったり、かけっこやごっこ遊びなど、自由に遊んで過ごします。また大人たちは子どもに「あれをしろ、これをしちゃダメ」ということはほとんどなく、子どもたちを黙《だま》って見守っています。子どもたちは大人や年上のお兄さん、お姉さんのまねをしながら、狩猟《しゅりょう》採集生活に必要なさまざまな技術を自然と学んでいきます。

じつは、オランウータンも、狩猟《しゅりょう》採集社会のヒトの子どもように「大人や年上の個体のまねをしながら、生きる術を学んでいく」のです。

6　オランウータンの「文化」

わたしたちヒトの特徴《とくちょう》のひとつは、多様で高度な「文化」をもつことです。

まず文化とは何か？　その定義はたくさんあります。ここでは「生物学的な理由がなく、地域によってちがっていて、世代を超《こ》えて同種に受け継《つ》がれる行動」としましょう。

20世紀半ばまでは、文化はヒトだけがもつ特徴《とくちょう》だと考えられていました。

しかし、現在ではチンパンジーやオランウータン、イルカやカラスなどの一部の動物も文化をもっているとする研究者が少なくありません。

そして近年、動物の文化の研究から、「動物の群れ」と「文化」との間には、深いつながりがあることがわかってきました。オランウータンの文化とはどんなものでしょうか？　そしてオランウータンの「文化」はどのように伝わっていくのでしょうか。

　ちょっとむずかしいかもしれませんね。例をあげると、Aという地域でオランウータンが食べる昆虫《こんちゅう》を、Bという地域では食べないと仮定しましょう。その昆虫《こんちゅう》がA地域にしかいないのであれば、「その場所にある食べ物を食べているだけ」という「生物学的な理由」があるので、「文化」とは言えません。

　でも、両方の地域に同じ昆虫《こんちゅう》がすんでいるのに、A地域では食べ、B地域では食べないのなら、それは「生物学的な理由」ではなくて、地域によってちがいがあること、つまり「文化」と言えます。

7　スマトラ島の食文化

スマトラ島のスワク・バリンビという森にすむオランウータンたちは、「ネイシア（ドリアンのなかま）」という、内側に鋭《するど》いトゲがびっしり生えている果実に、細い小枝をつっこみ、中から栄養豊富な種を取り出して食べます。ネイシアは、スマトラ島内のほかの森にも、ボルネオ島にも生えていますが、この実を食べるときに小枝を使うのは、スワク・バリンビのオランウータンだけです。

わたしはダナムバレイの森で、オランウータンがネイシアの実を食べているのを見たことがあります。そこでは大きくて固い実を枝にドンドンと打ち

道具を使ってネイシアを食べる。

付けて割ってから、種を取り出して食べていました。

小枝を使っているのは、見たことがありません。「道具を使ってネイシアの実を食べる」のは、スワクの森のオランウータンたちが受け継《つ》いできた「文化」なのです。

スワクやスマトラ島の別の森ケタンベでは、オランウータンがスローロリスという、夜行性の小型のサルをつかまえて、食べる行動が報告されています。スローロリスは、オランウータンがすんでいる森にほぼ必ずすんでいるのに、ボルネオ島では見られない行動なので、これはスマトラ島の文化と言えます。

オランウータンは静かな動物ですが、怒《おこ》ったときや警戒《けいかい》しているときに、唇《くちびる》をとがらせて息を吸い「キス・スクゥイーク（キス鳴き）」という鳴き声をあげます。この「鳴き方」は地域によって大きくちがいます。

ある地域では、片手をまるめて口元に持ってきて、ラッパのようにして鳴きます。別の地域では、キス鳴きをするときに、片手に葉をいっぱい握《にぎ》って、鳴きながら手を広げ、葉がハラハラと落ちていきます。

手の甲《こう》や手の平を唇《くちびる》にあてるなど、さまざまなバリエーションがあります。ちなみにダナムバレイでは、ただ鳴くだけで手では何もしません。これもまた「文化」です。

8　文化はどうして生まれる？

こうした地域による行動のちがいは、どうして生じるのでしょう？　スワクの森では、子どものオランウータンは、母親や年上の若い個体（お兄さんやお姉さん）が、ネイシアの実に小枝を差しこんで食べているすがたをすぐそばでじっと観察します。

自分も小枝を持ってきて試してみますが、最初はなかなかじょうずにできません。お手本を見て、自分で試して……これを何度もくりかえすことで、大人になるころにはどの個体もじょうずにネイシアの実を食べることができるようになります。

このとき、お手本になっているお母さんや年上の個体は、「こうやるんだよ」と手を添《そ》えて教えることはありません。ただ子どもがすぐそばで、じっと見ていることを「許す」だけです。

手元や口元をのぞきこまれても、「邪魔《じゃま》だ！」と追い払《はら》ったりすることはありません。職人の弟子が師匠《ししょう》の技を見て身につけるようなものでしょうか。

そう、文化を伝える方法は「群れること」、そして他個体がいっしょにいることやまねをすることを「許す」ことが必要なのです。オランウータンの子どもたちは、狩猟《しゅりょう》採集社会のヒトの子どもたちと同じように、大人や年上の個体をまねしながら、「文化」を学んでいくのです。

9　発明家が文化のはじまり

もうひとつ、文化が生まれるのに必要なことがあります。それは「イノーベーター

＝発明者」。野生では、誰《だれ》かが新しい行動を「発明」して、それがほかの個体に伝わっていくようすを観察することはむずかしいですが、動物園などでは可能です。

ボルネオ島には、オランウータンの保護施設《しせつ》がいくつもあります。母親を密猟《みつりょう》者に殺された子どものオランウータンを集めて、訓練をして、森に返すための施設《しせつ》ですが、こうした施設《しせつ》で行われた研究から、複数の子どもたちの中に、少数の「発明好き」の個体がいて、新しい行動を次々と発明することがわかりました。

　手や枝を使って川で魚をつかまえて食べる、川で泳ぐ、ボートに乗る、マッチを使って火をつける、石けんで布を洗濯《せんたく》する……野生のオランウータンでは見られないこうした行動を、「発明家」のオランウータンたちは、身近にいる人間をお手本にして、次々と身につけていきます。

　そしてほかの孤児《こじ》たちのなかにも、「発明家」をお手本にして、同じような行動をするものが見られるようになります（もちろん新しい行動をまねしない、興味を示さない個体もいます）。

おそらく、野生のオランウータンのなかにも、新しい行動を「発明」するのが好きな個体と、そうでもない個体がいるのでしょう。でも単独性が強いオランウータンでは、「発明家の行動」が、群れのなかまに広がって、受け継《つ》がれていくことが少ないので、動物園や保護施設《しせつ》でのように、さまざまな道具を使うことが少ないのだと考えられています。

じつは最初にお話ししたスワクの森は、オランウータンの生息地のなかでも、生息密度がいちばん高い場所だと言われています（１平方キロメートルあたり５頭、ダナムバレイは１頭）。スワクでは１年を通じて果物がたくさんあるので、複数の個体がいっしょに行動することが多く、たくさんの個体と何度も出会う機会があります。スワクでは、ときどき現れる「発明家」が生み出した新しい行動が、地域のなかまたちの間に広まり、最も多様な文化が見られる場所になっています。

わたしたちヒトの中にも、発明が得意な人とそうでない人がいますが、「まね」することはみんな得意です。とくに子どもはみんな「まね」の名人。おままごとやごっこ遊びでは、ひとつひとつの動作だけでなく、お母さんや先生の口ぐせまで、そっくりまねしますよね？　じつはヒトだけが「サル真似《まね》＝真の模倣《もほう》」をすることができます。

オランウータンもほかの個体をお手本にして、新しい行動を身につけますが、お手本をそっくりそのまま、まねするのではなく、「こういうことをやっているな、これをするとこうなるんだ」という「目的」や「方法」を理解して、あとは試行錯《しこうさく》誤《ご》しながら、身につけていきます。

自分が「必要ない、理解できない」行動はまねしません。一方、ヒトは目的がよくわからなくても、「先生やお母さんがこうやっているなら、同じようにしてみよう！」と思って、その通りにまねをします（先生やお母さんが言っている言葉や行動の「意味」がわかなくても、同じことを言ったりやったりします）。

こうした類いまれなる「まね」の能力のおかげで、わたしたちヒトは、オランウータンやチンパンジーにはない、複雑で多様な文化を生み出すことができたのです。

類《るい》人《じん》猿《えん》もそれぞれ独自な進化をし、生活環《かん》境《きょう》にあったくらしぶりを得て生き残ってきました。ものまねじょうずはヒトという種が獲《かく》得《とく》した生き残る手段だったのでしょう。

さて、単独でくらすオランウータンも、ときには小さなグループをつくり、文化を伝えていることがわかりました。今度はオランウータンの親子関係や、どのように子どもが育っていくかを、お話ししましょう。

5章
オランウータンの親子

1　オランウータンの子育て

オランウータンもわたしたちと同じ哺乳類《ほにゅうるい》ですから、赤ちゃんで生まれてきて、お母さんのおっぱい（母乳）を飲んで育ちます。ここまで、わたしたちと似ているところ、似ていないところとさまざまだったオランウータンですが、子育てはどのように行うのでしょうか。じつはわたしも2人の娘《むすめ》をもつお母さんです。

オランウータンのメスは15歳《さい》くらいで最初の子を産みます。その後は、平均7年に1回、1頭の子どもを産み、それから死ぬまで子どもを産み続けます。オランウータンの寿命《じゅみょう》は60歳《さい》くらいです。双子はめったに生まれません。野生下で観察された例は3例のみです。

昼間に行動する霊長類《れいちょうるい》（昼行性霊長類《れいちょうるい》）は、おもに群れをつくって生活します。

そのため、チンパンジーもゴリラもニホンザルも、群れのなかまといっしょに生活しながら、子育てをします。しかしオランウータンは昼行性霊長類《れいちょうるい》で唯一《ゆいいつ》の単独性なので、母親はひとりで子どもを育てます。

おばあちゃんも親戚《しんせき》もママ友もいません。下の子が生まれると上の子はひとり立ちするので、オランウータンの子どもはみんな「ひとりっこ」。お母さんの愛情と関心をひとり占《じ》めして育ちます。

ちなみに、メガネザルなどのような夜行性の種では、群れをつくらず単独で生活するものが多く見られます。

２　木の上で育つ

出産ももちろん木の上。ネストの中で出産するのがふつうのようです。生まればかりのオランウータンの赤ちゃんは体重が１５００グラム程度で、みなさんが生まれたときの半分ぐらいの大きさです。生まれてすぐの赤ちゃんは、お母さんの体毛をにぎってつかまりますが、まだつかむ力が弱く、首もすわっていません。

そのため最初の1ヶ月ほどは、お母さんがいつでも赤ちゃんの体を、手や太腿《ふともも》で支えています。お母さんは常に脇腹《わきばら》に赤ちゃんを抱《だ》きつかせているので、赤ちゃんはいつでも好きなときに好きなだけ、母乳を飲むことができます。

生まれて6ヶ月ごろになると、赤ちゃんは木登りをはじめるようになります。最初はお母さんのすぐ真上の枝にぶら下がる程度ですが、だんだんと

生後1ヶ月ほどの赤ちゃん。

遠く、高く登るようになります。

またこのころからお母さんが食べている果物や葉を口に入れるようになりますが、固形物を飲みこむようになるのは1歳《さい》を過ぎてからです。

3歳《さい》ごろまでは母乳をメインに、少しずついろいろな食べ物を学びます。みなさんは、お母さんに「これを食べなさい、これは食べちゃダメ」といわれたことはありませんか？　でも、オランウータンのお母さんがあれこれ世話を焼くことはありません。子どもがしたいようにさせます。

3歳《さい》を過ぎたころになると、子どももお母さんの後をついて、ひとりで移動するようになります。でも、となりの木の枝が遠すぎてつかめないときなどは、「キューキュー」とあまえた声を出して、お母さんに助けを求めます。

そうすると2章でリナがケイトにしたように、お母さんは手足で枝と枝をつかんで、自分の体を「橋」にして子どもを渡《わた》らせてあげます。

このころになると、子どもがねだっても、お母さんが食べ物をくれないことが増えてきます。そんなときは、子どもはじっとお母さんが食べるようすをながめて、自分もまねしてみます。

　とくに樹皮をはいだり、ドリアンなどの固い殻《から》におおわれた果実は自分で食べるのがむずかしく、お母さんの口の中からとったり、口元に手をさしだして「おねだり」します。そんなときはお母さんもわけてあげます。

　ときに厳しく、子どもが困ったときは手をさしのべる、オランウータンの子どもは、お母さんに見守られながらしだいに自立していきます。

5歳《さい》になったケイト。

　6歳《さい》ごろになると、子どもはお母さんより先に移動したり、お母さんのいる木から何十メートルも離《はな》れた木に行って、お母さんとはちがう物を食べたりするようになります。このころ、お母さんは次の子を妊娠《にんしん》しますが、子どもはお母さんといっしょにいる間は、6歳《さい》を過ぎても時々母乳を吸っています。メインの栄養は固形物ですが、おっぱいは心の栄養で、食べ物が少ないときの非常食や体調が悪いときには「薬」の役目もしています。

　そして7歳《さい》ごろ、下の子が生まれる

母乳を飲むロム（5歳《さい》）。

と完全にひとり立ちします。ときどきお母さんのもとに帰ってきて、下の子と遊んだりもしますが、その間隔《かんかく》はだんだんと長くなり、15歳《さい》ごろまでにはお母さんのもとにもどることもほとんどなくなります。

ここでみなさんは、ふしぎに思うかもしれません。オランウータンの子育てには、わたしたちにはおなじみのあの人がいませんね？　そうお父さんです。オランウータンのお父さんは、子どもとはまったく関わりあいません。遺伝的（生物学的）に父親であるだけです。

群れで生活するほかの霊長類《れいちょうるい》の場合、父親は直接自分の子どもの世話をしなくても、捕食者《ほしょくしゃ》や群れの外からきたオスなどから群れを守る、というだいじな役目があり、子どもと関わっています。しかしオランウータンのオスはそれもしません。

オランウータンの子育ては、子どもの世話から守ることまで、お母さんがすべてをたったひとりで行います。わたしはこれを「孤育《こそだ》て」とよんでいます。

3　ヒトと類人猿《るいじんえん》の子育て

ヒトの場合、お父さん、お母さんの役割分担は家庭によってそれぞれです。オランウータンの子育てのように、お母さんが1人で家事や育児を行うこともあります。もちろん逆もありますし、手わけすることもあります。

でもじつは、本来の生物としてのヒトは、オランウータンとはまったくちがう子育てをします。ヒトの子育ては「共同保育」と言われ、お母さんだけでなく、お父さんやおじいちゃん、おばあちゃん、近くにすんでいる村や町の人、知りあいやなかまが、みんなで協力して子どもを育てるのが、ヒトの本来の子育てです。

ヒトの赤ちゃんを、オランウータンやチンパンジーの赤ちゃんとくらべると、「共同保育」の証拠《しょうこ》がいくつもでてきます。

例えば、オランウータンやチンパンジーの赤ちゃんをベッドの上で仰向《あおむ》けに寝《ね》かせると、ジタバタ手足を動かして、不安そうにキューキュー泣き、いつまでたっても落ち着きません。ぬいぐるみやタオルなどのような、だきつける物を渡《わた》すと、ようやくおとなしくなります。

これは、オランウータンやチンパンジーの赤ちゃんは、お母さんにだっこされているのがふつうなので、だっこされていないのは「たいへん！　異常事態!!」となるのです。落ち着いてなどいられません。

でもヒトの赤ちゃんは、ベッドに仰向《あおむ》けに寝《ね》かせても、ニコニコと機嫌《きげん》よくしていたり、親以外の大人や年上の子と遊んだりすることができます。ヒトは体毛がなくなったので、赤ちゃんがつかまるところがありません。それに、赤ちゃんもチンパンジーなどよりも大きな体で生まれてくる方向に進化をしたので、お母さんがずっとだっこし続けることができなくなりました。そのため、だっこされていなくても、お母さんやほかの人たちとコミュニケーションをとることで、落ち着いていられるように進化してきたのです。

オランウータンやチンパンジーの赤ちゃんは、いつもお母さんにだっこされているので、大きな声を出して泣くことはほとんどありません。しかしヒトの赤ちゃんは大きな声で泣くことがよくあります。これは泣くことで、お母さんだけでなく、周りの大人もひきつけ、お母さんがいなくても、誰《だれ》かにそばにいてもらって、自分を守ってもらおうとしているのです。

4　ヒト（わたし）の子育て

わたしが最初の子どもを産む前の話です。オランウータンに夢中だったわたしは、「オランウータンの赤ちゃんのほうが、自分の子よりかわいいと感じてしまうかもしれない」と思っていました。

　そうしてわたしに子どもが生まれて赤ちゃんとくらしてみると、訳もわからず泣く赤ちゃんにイライラし、だっこし続けて腕《うで》がけんしょう炎《えん》（ピアニストなど手を使い過ぎるとなる病気。手首や腕《うで》が痛くなり、ひどいと親指が曲がらなくなる）になってしまいました。

　我が子と家に2人だけでいるときは、困ってしまうことも多くて、そんなときはついついオランウータンとくらべてしまい「オランウータンの赤ちゃんはいいな……お母さんもえらい……」と思いました。

　でも、よく考えてみると、オランウータンのお母さんだって、自力でだきつくこともできず、泣いてばかりのヒトの赤ん坊《ぼう》を渡《わた》されたら、放り出してしまうかもしれません。

　そう、ヒトの赤ちゃんとオランウータンの赤ちゃんはそもそも育ち方も、育てら

ヒトの赤ちゃん。

れ方もちがうのです。

「オランウータンのお母さんがすごいのではなく、赤ちゃんがちがうんだ！」と思うようになったら、ちょっと気持ちが楽になりました。

ヒトの赤ちゃんは、お母さんやまわりの人にほほえみかけたり、「見て見て！」と指をさして同じものを見てほしい、と求めたり、積極的にほかのヒトと関わろうとします。

オランウータンやチンパンジーの赤ちゃんはこうした行動をとることがほとんどありません。

こうしたほほえみや共感を求める行動を目にすると、オランウータンに対するのとはちがう、かわいさや愛情を感じるようになってきました。

ヒトという種の母親は、こうした部分にとくに愛情を感じるようにできているのかもしれませんね。

5　チンパンジーの子育て

お母さんがつきっきりで子どもの世話をする、という点ではチンパンジーはオランウータンと同じですが、少しちがいもあります。チンパンジーは群れのなかまとすごすことが多く、とくに上の年齢《ねんれい》の兄や姉がよく母子の近くにいます。

チンパンジーの赤ちゃんは、兄姉や、群れの大人や若者と遊んだり、毛づくろいをしてもらう機会がたくさんあります。一方で、オランウータンの赤ちゃんは、兄姉と過ごす時間もほとんどなく、お母さんに毛づくろいしてもらうこともほとんどありません。

しかし最近、オランウータンのお母さんが子どもを遊ばせるために、とても頑《がん》張《ば》っていることが発見されました。オランウータンの子どもが遊ぶには、お母さんがほかの子連れのメスと出会い、しばらく同じ場所でいっしょに過ごすことが必要です。子どもが3歳《さい》を過ぎると、オランウータンのお母さんは、自分が食事する時間を減らしても、子どもがよその子と遊べるように努力しています。

２組の母子が同じ木で出会うと、お母さんは食事が終わった後も、子どもたちの遊びが終わるまで、じっと待っています。ヒトのようにお母さんどうしがおしゃべりしたり、チンパンジーのように、お母さんどうしが毛づくろいすることはありません。離《はな》れた枝の上に座って、子どもが遊びにあきるまでじっと待っているのです。

わたしはベスというお母さんとヤンティというお母さんが出会った場面を見たことがあります。ベスの息子カイと、ヤンティの息子トイは、あきることなく1時間以上、木の上でレスリングしていました。

その間、ベスとヤンティは離《はな》れた場所で休んでいました。子どもたちの遊びをやめさせることはなく、遊びにあきた子どもたちが、それぞれの母親のもとにもどってくると、それぞれ別々の方向に移動していきました。

果実が豊富な時期には、こうしたやりとりを何日も見ることができます。わたしは、子どもや若者が、よそのお母さんにだっこされている赤ちゃんの顔を、じっとのぞきこむようすを何度か見たことがあります。

そんなとき、お母さんは自分の子でなくても追い払《はら》うことはせず、気がすむまで赤ちゃんを見せてあげます。オランウータンは自分の子にもよその子にも、「しつけ」や「強制」はしませんが、子どもたちの興味や関心を受け入れる「やさしさ」をもっているのかもしれません。

いつも子どもの自由にさせてあげるけど、子どもが困っているときは助けてくれて、子どもを守る。そしてどの子もお母さんをひとり占《じ》め。子どもの立場になってみると、オランウータンのお母さんは、理想のお母さんかもしれませんね。

6　動物園のオランウータン、野生のオランウータン

さて、野生では忍耐《にんたい》強くやさしいオランウータンのお母さんですが、動物園などでは、うまく子育てできないメスが珍《めずら》しくありません。20世紀半ばまでは、動物園

にいるオランウータンのほとんどが、野生でつかまえられ、お母さんを殺されてしまい、子どものころに動物園に連れて来られたものがほとんどでした。

子どものころから大人になるまで、自分以外のオランウータンをほとんど見たことがない、そんなことが珍《めずら》しくありませんでした。

そうやって子育てを知らずに育ったメスが、自分の子を産んでも、どうやって育てればよいかわからないので、子どもを放置してしまう「育児放棄《ほうき》」が起きたり、場合によっては噛《か》んだりたたいたりしてしまいます。赤ちゃんがお乳を吸おうとしても、嫌《いや》がって指をしゃぶらせたお母さんもいました。

そうやってお母さんが育てられない赤ちゃんを、飼育員さんがお母さん代わりになって育てました。でも、そうすると、ほかのオランウータンを見たことがない、触《ふ》れあった経験がない子が大人になっても、同じように育児放棄《ほうき》が起きてしまいます。

一方で、飼育員さんとオランウータンの新米お母さんの間に信頼《しんらい》関係があると、飼育員さんが檻《おり》の中に入って、赤ちゃんがおっぱいを飲むのを助けることができ、お母さんがだんだんと赤ちゃんを育てられるようになる例もありました。

　飼育員さんに助けられて子育てできるようになったお母さんは、２人目、３人目の子をじょうずに育てられるようになり、その子たちはお母さんやきょうだいといっしょに育っていきました。

　こうして育ったメスたちは、１人目の子から、きちんとひとりで、飼育員

多摩《たま》動物公園のオランウータンの母子。

さんの助けを借りなくても、野生のオランウータンのように、子育てができるようになりました。最近では、産んだ母親が子どもを嫌《いや》がるときは、子育ての経験のあるほかのメスに「養子」に出す試みも行われています。

　またヒトに育てられたメスを、ほかの母子がいる動物園に「留学」させることで、子どもと触《ふ》れあい、子育てを学ぶ経験をする、といったことも行われています。

　オランウータンのようにヒトに近く、かしこくて、ていねいな子育てをする動物でも、赤ちゃんと触《ふ》れあい、子育てを間近で見る経験を積んでいないと、「よいお母さん」にはなれない、ということがわかります。

　動物園でヒトに育てられたメスが自分の子を産んでも、うまく育てられないという現象は、チンパンジーでもゴリラでも見られます。

　群れで生活する彼《かれ》らにとっては、子育てを間近で見る機会がない、なんてことはふつうにはありえません。一方で、母子が密着して、あまりほかのオランウータンとは関わりあわないで育つオランウータンでも、子育てを観察する機会が必要だ、というのはふしぎです。

オランウータンのお母さんが子どもどうしを遊ばせることに熱心だったり、3章でも書いたように独り立ちしたばかりの若者が、ほかの母子の後をついていくのは、子育ての経験を積み、将来「よいお母さん」になるために、とてもだいじな勉強の時期なのです。

7　オランウータンの子育てのひみつ

オランウータンは7年に1回、1頭の子どもしか産まないので、メスが一生に産む子どもの数は6頭ほどです。一度に何頭もの子どもを産むイノシシや、1～2年に1回子どもを産むニホンザルとくらべると、かなり少ない数の子どもしか産みません。こんなに少ししか子どもを産まないで、どうしてオランウータンは今まで生き残ってこられたのでしょうか？

最近、オランウータンの赤ちゃんはほとんど死なずに大人になる（メスの15歳《さい》までの生存率は94％）ということがわかってきました。野生動物としては驚異的《きょういてき》に高い生存率です。これより高い生存率は、現代の先進国のヒトだけです。野生のチンパンジーの生存率は50〜70％程度で、生まれた赤ちゃんの3頭に1頭は5歳《さい》まで生き残ることがむずかしいと言われています。

最先端《さいせんたん》の医療《いりょう》も、清潔な家もないのに、オランウータンはどうしてこんなに高い生存率をほこっているのでしょうか？　その秘密は「大きな体で、樹上で、単独で生活」するというライフスタイルにあります。

　地上近くでくらす多くの動物は、地上を歩いているときに、ヒョウやライオンなどの肉食動物に襲《おそ》われる危険といつでもとなりあわせです。体が小さいと、樹上にいてもワシやタカなどの猛禽類《もうきんるい》やヘビに襲《おそ》われることがあります。でもオランウータンは大きな体で高い木の上で生活しているので、こうした捕食者《ほしょくしゃ》に襲《おそ》われることはほとんどありません。

そうはいっても、まったく危険がないわけではありません。ボルネオ島にもスマトラ島にもすんでいる、中型ネコ科のウンピョウという動物は、樹上で狩《か》りをして、サルを食べることが知られています。

ダナムバレイの森でも、独り立ちしたばかりの若いメスが、ウンピョウに襲《おそ》われたと思われる大怪我《けが》で、死んでしまったことがありました。そうした若いときに起こる災難も、お母さんと長くいっしょに過ごすことで減らすことができるのでしょう。

さらに樹上は、地上にくらべて細菌《さいきん》などの病原菌《きん》が少ないと言われています。反対に土の中には破傷風菌《はしょうふうきん》や大腸菌《だいちょうきん》など多くの微生物《びせいぶつ》がいます。オランウータンは単独性なので、１頭が何か病気にかかっても、ほかの個体にうつることがほとんどありません。

一方、チンパンジーやゴリラでは、１頭が病気にかかると、群れのなかまに次々と感染してしまいます。とくに体力のない赤ちゃんが命を落としてしまうことは珍《めずら》しくありません。

彼女《かのじょ》たちがくらす東南アジアの熱帯雨林では、いつでもおいしい果物があるわけではありません。長い時間お母さんと共に過ごすことで、たくさんの食べ物やその食べ方を学ぶことができます。木から木へ渡《わた》っていくのも、お母さんといっしょなら手助けをしてもらえます。

オランウータンは、早く子どもを独り立ちさせて、次々と子を産むよりも、１人ひとりの子に長い時間をかけて手厚く子育てすることで、子どもたちの生存を確かなものにし、より確実に子孫を残すという子育てを何百万年もしてきました。

少ない数の子どもをだいじに育てるのは、なんだか今のわたしたちに似ていますね。ヒトが少ない数の子どもしか生まなくなったのは、医療《いりょう》や科学の進歩のおかげで子どもが死ななくなったことが、大きな理由です。

日本でも、ほんの１００年ほど前までは、生まれた赤ちゃんの半数近くが大人になる前に死んでしまうのがふつうでした。わたしたちヒトが数十年前にようやくつくり上げることができた「赤ちゃんが死なない社会」を、３００万年以上前から続けている、「少産少死社会」の大先輩《せんぱい》、それがオランウータンなのです。

こうして見ると、オランウータンはヒトとちがうところもたくさんありますが、子どもの面倒《めんどう》をよくみて、１人ひとりの子どもをとてもだいじにしているところは、ヒトとよく似ていますね。

6章
オランウータンがあぶない！

1　世界からオランウータンがいなくなる

子どもたちをだいじに育て、独自の文化もあるわたしたちのいとこ、オランウータンが、いま世界からいなくなってしまう危機にさらされています。

オランウータンは現在、スマトラ島とボルネオ島の一部の森に、合計で数万頭しか生息していません。これは生物が種族を維持《いじ》するのに必要な数としてはとても少ない数です。

オランウータンは繁殖《はんしょく》のスピードが遅《おそ》いので、ある地域での死亡率が1％（１００頭生息している森で、毎年1頭ずつが死んでしまう）のような状態でも、その地域から絶滅《ぜつめつ》してしまう、といわれています。

たった1万年前までは、中国南部やベトナム、タイ、マレーシア半島などを含《ふく》めて、東南アジア一帯に１００万頭以上が生息していたと考えられています。３００万年の進化の歴史をもつオランウータンが、たかだか1万年ほどで数十分の1にまで減ってしまったのです。

1万年前に氷河期が終わり、海水面が上昇《じょうしょう》して、それまで大陸と陸続きだった、ボルネオ島とスマトラ島は海にへだてられるようになりました。こうした気候変動が環境《かんきょう》を大きく変えました。

そして同じころ、人類が植物を栽培《さいばい》して収穫《しゅうかく》し食べ物とする「農業」がはじまりました。ヒトが森を切り開き畑にしていったことで、オランウータンがすむ場所はどんどん減っていき、大陸からはオランウータンはすがたを消しました。

ボルネオ島とスマトラ島は、大陸にくらべてヒトによる開発が遅《おく》れ、赤道直下の安定した気候のもと、森林も大きく残っていたために、オランウータンは生き残ることができました。

しかし20世紀なかばから、これらの島でも畑にするために熱帯雨林の伐採《ばっさい》が進み、すむ場所や食べ物がなくなったオランウータンは、どんどん数を減らしています。

国際自然保護連合の「絶滅《ぜつめつ》のおそれのある野生生物のリスト＝レッド・リスト」では、ボルネオオランウータン、スマトラオランウータン、タパヌリオランウータンの３種すべてが「近絶滅《ぜつめつ》種（ＣＲ）」とされています。

これは最も絶滅《ぜつめつ》の危険がある動物です。チンパンジーはオランウータンより一段階下の「絶滅《ぜつめつ》危《き》惧《ぐ》種《しゅ》（ＥＮ）」です。

１９６０年代後半から１９９０年代までは、「木材」にするためにボルネオ島やスマトラ島の森林が伐採《ばっさい》されま

絶滅種（EX）	すでに絶滅していると考えられる種
野生絶滅種（EW）	飼育もしくは栽培下、または飼育個体が野生化した状態でのみ種の存続が認められる種
近絶滅種（CR）	ごく近い将来、野生での絶滅の可能性が極めて高い種
絶滅危惧種（EN）	近絶滅種ほどではないが、近い将来絶滅の可能性が高い種
危急種（VU）	絶滅の危険が増大している種
近危急種（NT）	現時点で、絶滅危険度は小さいが、生息条件の変化などで絶滅危惧に移行する可能性がある種
低危険種（LC）	現時点では絶滅の可能性が低い種
情報不足種（DD）	その評価を決定するだけの情報が不足している種

レッド・リストによる危機のランク
（『動物世界遺産　レッド・データ・アニマルズ（5）東南アジアの島々』より作成）。

した。熱帯雨林に生えているフタバガキ科（別名ラワン）は、建築資材として使いやすく、日本ではおもにコンクリートの型枠《かたわく》にするために大量にこれらの木材を輸入しました。

　みなさんが使っている建物や高速道路や新幹線などの交通機関も、これらの木材をたくさん使ってつくられています。

　２０２０年開催《かいさい》の東京オリンピックの会場となる施設《しせつ》をつくるのに、ボルネオ島で違法《いほう》に伐採《ばっさい》された木材が使われた、という報告もあります。

運び出される木材。

2　パーム油が熱帯雨林を変えた

木材を得るために森林を伐採《ばっさい》するとき、通常、必要な木（フタバガキ）だけを切り、それ以外の木は残されます。伐採《ばっさい》するための重機や切り出した木材を運ぶために、たくさんの道路をつくるので、森は荒《あ》れてしまいますが、時間がたてば少しずつ回復していきます。

こうした、一度伐採《ばっさい》された後の森を「二次林」と呼びます。昔は、オランウータンは伐採《ばっさい》されていない森「一次林」でしか生きられないと考えられていました。しかしその後の研究で、現在では、二次林でも生息できることが確かめられています。

柔軟《じゅうなん》に食べ物を変え、生活のしかたを変えることで、森林伐採《ばっさい》という危機を乗りこえようとしていたオランウータンでしたが、１９９０年代から、さらにおそろしい事態が起きました。

それはオイルパームの農園をつくるために、二次林を皆伐《かいばつ》（全部の木を切って更地《さらち》にすること）するようになったのです。

オイルパームからとれる「パーム油」を、口にしたことがない日本人は、ほとんどいないはずです。でも「そんな物、食べたことがないよ！」と思われるかもしれませんね。

それでは、家にあるお菓子《かし》（チョコレートやスナック菓子《がし》）やインスタント食品、レトルト食品の原材料が書いてある所を見てください。「植物油脂《ゆし》」、

広がるオイルパーム農園

「パーム油」と書かれた製品がきっと、たくさん見つかるはずです。また食品だけでなく、洗剤《せんざい》や化粧品《けしょうひん》、シャンプーなどにも使われています。

パーム油は現在、日本も含《ふく》め、世界で最も多く消費されている「植物油」です。最近では、パーム油を使ったバイオマス発電事業や、自動車を動かす燃料にも混ぜられるなど、さまざまに使われるようになってきて、さらに消費量が増えるのではと心配されています。

オイルパームはもともと西アフリカ原産で、現地では昔から油をとったり、実を食用にしていましたが、大規模な農園はありませんでした。オイルパームは赤道直下（北緯《ほくい》20度～南緯《なんい》20度）でしかつくることができませんが、20世紀にアフリカから東南アジアに持ちこまれ、大規模な農園で栽培《さいばい》されるようになりました。

オイルパームの実は、収穫《しゅうかく》してからすぐ搾油《さくゆ》工場《こうじょう》に運んで油をしぼらないと、品質が劣《おと》ってしまいます。搾油《さくゆ》工場《こうじょう》で効率よく油を生産するためには、広大な面積の農園が必要なので、ボルネオ島やスマトラ島の低地（標高１０００メートル以下）

の二次林が、次々と切り開かれ、まるはだかになった土地は、見渡《わた》す限りのオイルパームだけが植えられた農園に変わりました。

3　オランウータンにふりかかる災難

二次林には、イチジクやカキ属などの木の果物など、オランウータンが食べられる植物がありますが、オイルパームしか植わっていない森で、オランウータンは生きのびることはできません。原産地の西アフリカでは、チンパンジーがオイルパームの実や、木の先端《せんたん》の柔《やわ》らかい部分を食べることもあるそうですが、あくまでいろいろある食べ物のうちのひとつです。

川沿いや丘《おか》などにわずかに残った森に取り残されたオランウータンが、オイルパーム農園に出てきて、パームの苗《なえ》や若木を食べることがあります。あるいは、新しいすみかを求めて、農園の中をさまよっている所を発見されることもあります。

そうすると、農園で働く労働者は、オランウータンが保護されている動物だということを知らずに、「害獣《がいじゅう》」として殺してしまうことがあります。なかには、労働者に対して、オランウータンなどの野生動物を殺したら、ほうびを出すといって、積極的に野生動物の殺害を指示する経営者もいるようです。

また農園以外でも、今でも毎年多くのオランウータンが殺されています。オランウータンは大きな動物なので、1頭つかまえればたくさんの肉が手に入るので、食用としてつかまえるのです。

大昔からヒトはオランウータンを狩猟《しゅりょう》の対象にしてきました。ボルネオ島のある遺跡《いせき》からは、イノシシやほかのサルの骨といっしょに、石器で肉を削いだ後が残っている、オランウータンの骨が大量に出土しています。現在では、野生のイノシシやウシのなかまなどをハンティングするときに、たまたまオランウータンを見つけると、いっしょに狩猟《しゅりょう》する人たちがいます。

これは昔の話ですが、ボルネオ島の一部の先住民族の中には、「首《くび》狩《か》り」の風習があります。基本的にはほかの村の「人間」の首を狩《か》るのですが、人間の代わりにオランウータンの首を狩《か》ることもあったそうです。

４　なくならない密猟《みつりょう》

さらに、オランウータンの赤ちゃんはとてもかわいいので、「ペット」として高値で取引されています。日本でも２００３年に、大阪市内のペットショップで、４頭の子どものオランウータンが発見されたことがあります。ペットして売ろうとしていたのです。このオランウータンは動物園で保護された後、インドネシアに返されましたが、３頭はその後亡くなってしまったそうです。

２０１９年３月にもインドネシアのバリ島の空港で、外国人旅行者が、薬で眠《ねむ》らせたオランウータンの赤ちゃんを密輸しようとして、逮捕《たいほ》されました。外国人だけでなく、マレーシアやインドネシア国内のお金持ちや社会的地位の高い人も、違法《いほう》と知りながらオランウータンをペットとして飼う人が、今もいるそうです。

マレーシアやインドネシアの法律では、１９６０年代からオランウータンは保護されていて、殺してはいけないはずですが、現地での取締まりが厳しくないので、密猟《みつりょう》してもつかまることがほとんどありません。

現地でオランウータンの保全のために活動しているＮＧＯ（非政府組織）がいくつかありますが、農園で発見されたオランウータンや、違法《いほう》に飼育されていたオランウータンを保護するのが精一杯《せいいっぱい》の状況《じょうきょう》です。

5　リハビリテーションセンターの問題

１９６０年代以降、オランウータン生息地での森林伐採《ばっさい》が激しくなり、オランウータンの赤ちゃんや子どもが、保護されることが増えました。オランウータンの赤ちゃんは成長に時間がかかるので、保護した後にすぐに森に放すことができません。そこでボルネオ島やスマトラ島に、「リハビリテーションセンター（野生復帰センター）」という保護施設《しせつ》が次々とつくられました。

リハビリテーションセンターは、人間が保護されたオランウータンを育て、森でのくらし方を訓練して、最終的には人間の助けなしに、ひとりで森で生きていけることを目標にしています。

最初のころにつくられたリハビリテーションセンターでは、野生のオランウータンがすむ森へ、センター出身の孤児《こじ》たち（リハビリ個体）を放しました。リハビリ個体は、森の中でじょうずに食べ物を探せないので、彼《かれ》らを助けるために、森の中にエサ台をつくり、１日２～３回、バナナなどのエサをあげていました。

さらにエサ台を観光客に公開して入場料をとり、その収入をリハビリ個体のエサ代や、レスキュー（救出）作業の費用にあてました。しかしこの方法は大きな批判をあびるようになっていきます。

まず人間に育てられたオランウータンを、森に放すと、野生のオランウータンに病気をうつしてしまう心配がありました。実際、リハビリテーションセンターでは、結核《けっかく》や肝炎《かんえん》などの病気が流行したり、エサ台に来るオランウータンのなかには、下《げ》痢《り》などの体調不良を起こしたりすることが多く見られました。

またリハビリテーションセンターを運営するには、多額のお金がかかるので、そのお金は野生のオランウータンがすむ森を守るために使われるべきだ、という声もあがりました。エサ台を観光客に公開したことで、「保護施設《しせつ》というより、金儲《かねもう》けを目的にオランウータンを見世物にしている」という人もいました。

実際、観光客がオランウータンに触《さわ》ったり、食べ物をあたえることもありました。またそうした接触《せっしょく》が、リハビリ個体に病気をうつしたり、彼《かれ》らが森に帰れなくしたりするのでは、という心配もありました。

わたしがボルネオ島にあるセピロク・リハビリテーションセンター（第2章に出てきました）で保護された個体について調べたところ、4分の1は死亡していました。また、大人になってもエサ台に来ていたメスが赤ちゃんを生んでも、半分以上が３歳《さい》未満で死んでしまう、という事実も明らかになりました。

死因ははっきりとはわかりませんでしたが、ほかのリハビリ個体や、人間から病気がうつって、抵抗《ていこう》力が弱い赤ちゃんが死んでしまった可能性も否定できませんでした。

６　リハビリテーションセンターの今

　こうした多くの問題があり、インドネシア政府は公営リハビリテーション事業をやめてしまいます。その代わり、「野生のオランウータンがすんでいない森に放すこと、施設《しせつ》を観光客に公開しないこと」といった厳しい条件のもと、ＮＧＯがリハビリテーションセンターを運営することになりました。一方、マレーシアでは、批判を受けながら公営のリハビリテーション事業が現在も続いています。

　マレーシアのリハビリテーションセンターにオランウータンが最も多く保護さ

れたのは、木材生産がピークだった１９８０年代ではなく、１９９０年代でした。このころ、丸太の輸出が禁止されるようになり、木材生産量は急減しましたが、それに代わってオイルパーム農園の面積が急拡大した時期でした。セピロクでは、それまで年間数頭しか保護されていなかったのが、１９９０年代には20頭以上の個体が保護されることもありました。

そして今、セピロクに保護されるオランウータンは年間１～２頭です。オランウータンの保護が進んだというよ

リハビリテーションセンター

りも、むしろオランウータンの個体数全体が減り、ほとんどの生息地がオイルパーム農園に変わってしまったのでしょう。

一方インドネシアでは、今でも毎年多くの個体が保護されています。オランウータンがすんでいない森は、密猟《みつりょう》の危険性が高いために、リハビリ個体を放すことができず、一時期１０００頭近いオランウータンがインドネシア各地のリハビリテーションセンターで「飼われている」ような状態になってしまいました。

最近、インドネシア政府は少し方針を変えて、野生のオランウータンがすんでいる森でも、少しの個体であれば、リハビリ個体を放してもよいことになりました。またいくつかの保護団体は、リハビリ個体を放すために、荒《あ》れた森に植林をして、再生させる試みもはじめています。

リハビリテーション事業に対するさまざまな批判は、確かに正しい面もあり、改善も行われてきました。今でもリハビリテーション事業に批判的な意見はありますが、２０１９年現在でも、少なくともインドネシア国内では、保護されるオランウータンが後を絶たない状況《じょうきょう》です。リハビリテーション事業を完全にやめることはむずかしいでしょう。

また、マレーシアやインドネシアの地元の人たちで、「オランウータンを見たことがない」という人も、じつは珍《めずら》しくありません。野生動物が減り、動物園なども日本より数が少ないので、都市にすむ人を中心に「見たことがない」という人が増えています。

わたしたちが調査をしているダナムバレイに、調査助手の見習いとしてやってきた多くのマレーシア人の若者は、「ここに来て、生まれてはじめてオランウータンを見た」といいます。

知らないということは、守ることもできないということにつながります。公開されているリハビリテーションセンターは、こうした地元の人たちにオランウータンについて知ってもらう、ひとつのきっかけにもなっています。

最近では、現地のＮＧＯやリハビリテーションセンターも、地元の子どもや若者を対象とした、環境《かんきょう》教育事業に積極的に取り組んでいます。こうした試みによって、密猟《みつりょう》が減り、保護されたオランウータンが減ることを願っています。

7　オランウータンと森を守るためにわたしたちができること

わたしたち日本人は、オランウータンがすむ森から切り出した木材を使い、現在では森を切り開いてつくられた農園でとれたパーム油を、毎日使って生活しています。また、スマトラ島の熱帯雨林を違法《いほう》に伐採《ばっさい》して、つくられたコピー用紙が日本国内で流通していることも報告されています。わたしたちのくらしとオランウータンのくらす東南アジアの森とは直接つながっているのです。

では、わたしたちはパーム油を使うのをやめればいいのでしょうか？　現在、オイルパーム農業は、現地の人々にとっては重要な産業で、多くの人の仕事となっていて、マレーシアやインドネシアの経済発展を支えています。

またオイルパームは大豆や菜種などのほかの食用油にくらべて、面積あたりの生産量がとても大きいので、オイルパームをつくることをやめると、もっと広い面積の熱帯雨林を切り開かなければ、世界の人々が必要とする量の食用油をつくれません。

ほとんどの日本人は、オイルパームのことを知らずに毎日消費していますが、ヨーロッパでは20年ほど前から、「オイルパームは熱帯雨林を破壊《はかい》する元凶《げんきょう》」だと知られていました。

あるオランウータンの保護団体は、毎年夏になるとヨーロッパで、「あなたが食べるアイスクリームがオランウータンを殺している！」といったキャンペーンを行っています。

有名な環境《かんきょう》保護団体が、みなさんもスーパーでよく見かけるチョコレート菓子《がし》を食べていたら、じつはオランウータンの指だった！　という衝撃的《しょうげきてき》な映像をつくって、オイルパームとそれを使用する食品会社を厳しく批判したこともあります。

また、オイルパーム農園では、子どもを違法《いほう》に働かせる児童労働や、安全に配慮《はいりょ》せずに危険な薬品を使わせる、給料を払《はら》わない、先住民から違法《いほう》に土地を取り上げる、といったさまざまな問題も指摘《してき》されるようになりました。

ヨーロッパでの批判を受けて、世界的な食品企業《きぎょう》と自然保護団体が中心になって、「持続可能なパーム油のための円卓《えんたく》会議」（ＲＳＰＯ）という非営利組織を２００４年に設立しました。ＲＳＰＯでは、野生生物保全や農園で働く労働者の人権などにも配慮《はいりょ》し、ルールを守って生産されたパーム油を「認証」する制度をはじめました。

認証マーク

当初、日本企業《きぎょう》は１社しか加入していませんでしたが、現在では大手食品会社を含《ふく》め、数社が加入してます。しかし日本では、消費者から「パーム油を使わないでほしい」、「ＲＳＰＯ認証のパーム油を使ってほしい」という声が少なく、ＲＳＰＯ認証のパーム油を使った製品はまだまだ探すのがむずかしい状況《じょうきょう》です。

みなさんがオランウータンのためにすぐにできることがあります。それは、日々買い物をするときに、価格を見るだけでなく、その製品が何を使って、どうやってつくれているのかを、立ち止まって考えてみることです。

ＲＳＰＯ認証や、森林製品の認証であるＦＳＣマーク、公正な貿易の証であるフェアトレードマーク。ぜひみなさんの身のまわりで売っている商品の中に、どんなマーク（認証制度）があるか調べて、家族や友だちに教えてあげてください。「自分のからだにやさしい」商品だけでなく、「つくられている国の野生生物」や「地球環《かん》境《きょう》にやさしい」商品を探してみてください。

１人ひとりの声は小さくても、そう考える日本人が増えれば、オランウータンと熱帯雨林を守る、大きな力になっていきます。

みなさんが大人になった、その後も、オランウータンが絶滅《ぜつめつ》することなく、地球上で生き続けられるよう、力をかしてください。

それは、オランウータンがすむ豊かな熱帯雨林と、そこにすむ、まだ名前もつけられていないような生きものたちを守ることにもつながるはずです。

あとがき

この本は、「子どもたちにフィールドワークのおもしろさが伝わるような本を書いてくれませんか？」というお話をいただいて、執筆《しっぴつ》しました。わたしにとっては３冊目の本ですが、森の中でオランウータンを探すようすをこんなにくわしく書いたのははじめてです。

熱帯雨林の中でひっそりと単独でくらすオランウータンを探すのは、簡単ではありません。そんな調査のむずかしさとともに、彼《かれ》らがすむ森の豊かさ、美しさも読者のみなさんに感じ取っていただけたらうれしいです。たとえオランウータンに出会えない日があっても、あの美しい太古から続く森を歩く時間は、わたしをとても幸せな気持ちにさせてくれます。

それからわたしは、霊長類《れいちょうるい》の研究者であると同時に、「自然人類学」の研究者でもあります。「自然人類学」とは、「生物としてのヒトの特徴《とくちょう》や進化」を明らかにするために、主に生物学の手法を使って研究する学問です（ヒトとヒト以外の霊長類《れいちょうるい》の、社会や行動を比較《ひかく》する研究も含《ふく》まれます）。

本書では、そうした自然人類学の知見も少しだけ入れました。この本をきっかけに、自然人類学や「生物、動物、霊長類としてのヒト」という視点に、興味をもってもらえたらうれしいです。

この本ができあがるまでには、たくさんの人に助けていただきました。企画を立ち上げていただいたあかね書房の水野宏信さん、自然や生きものの本の編集者、川嶋隆義さんには、原稿《げんこう》をすみずみまでチェックし、わかりやすい文章になるよう助けていただきました。イラストレータの秋草愛さんは、わたしの細かい注文にこたえて、正確かつかわいらしいイラストの数々を描《か》いてくださいました。デザイナーの中嶋香織さんには素敵なカバーをつくっていただきました。４名の方には心から感謝しています。

また共同研究者の金森朝子《かなもりともこ》さんはじめ、日本やマレーシアで多くの方々に助けていただいて、オランウータンの調査研究を続けてきたからこそ、この本を書くことができました。

とくにこの本に掲載《けいさい》したオランウータンの写真のほとんどは、ダナムバレイで働く調査助手のエディ・ボーイさん（通称《つうしょう》ピオ）が撮《と》ってくれたものです。ピオの献《けん》身的《しんてき》な働きと素晴らしい観察眼のおかげで、わたしたちはオランウータンを観察することができました。

そして何より、時には叱咤激励《しったげきれい》しながらわたしの研究生活を支えてくれる家族（夫、娘《むすめ》たち、母、義父母）には本当に感謝しています。ありがとう。

最後に、ここまで読んでくださったみなさん、本当にありがとうございます。

みなさんもいつかボルネオ島を訪れ、熱帯雨林でくらすオランウータンに会えますように！

【もっとオランウータンについて学びたい人へ】

久世濃子《くぜのうこ》『オランウータン　森の哲人は子育ての達人』東京大学出版会（2018）、『オランウータンってどんな『ヒト』?』朝日学生新聞社（2013）

金森朝子《かなもりともこ》『野生のオランウータンを追いかけて』東海大学出版会（2013）

ビルーテ・M・F・ガルディカス（著）、杉浦秀樹《すぎうらひでき》・斉藤千映美《さいとうちえみ》・長谷川寿一《はせがわじゅいち》（翻訳）『オランウータンとともに　失われゆくエデンの園から〈上〉〈下〉』新曜社（1999）

黒鳥英俊《くろとりひでとし》『オランウータンのジプシー』ポプラ社（2008）

川端裕人《かわばたひろと》『オランウータンに森を返す日』旺文社（2000）

【ボルネオ島の自然や東南アジアの野生動物について学びたい人へ】

東海大学出版会「フィールドの生物学シリーズ」で、ボルネオ島の野生動物の生態について、若手研究者が執筆しています。マメジカ（1巻）、サイチョウ（2巻）、一斉《いっせい》開花と昆虫（4巻）、テングザル（7巻）、ジャコウネコ（13巻）。

松林尚志《まつばやしひさし》『消えゆく熱帯雨林の野生動物　絶滅危惧動物の知られざる生態と保全への道』化学同人（2015）

横塚真己人《よこつかまこと》『ボルネオの熱帯雨林　生命のふるさと』福音館書店（2004）

安間繁樹《やすましげき》『ボルネオ島アニマル・ウォッチングガイド』文一総合出版（2002）

アルフレッド・ラッセル・ウォレス（著）、宮田彬《みやたあきら》（翻訳）『マレー諸島　オランウータンと極楽鳥の国』新思索社（1995）

小原秀雄《おばらひでお》、浦本昌紀《うらもとまさのり》、太田英利《おおたひでとし》、松井正文《まついまさふみ》（編著）『動物世界遺産　レッド・データ・アニマルズ（5）東南アジアの島々』講談社（2000）

【他の大型類人猿《るいじんえん》について学びたい人へ】

座馬耕一郎《ざんまこういちろう》『チンパンジーは３６５日ベッドを作る　眠りの人類進化論』ポプラ社（2016）

松沢哲郎《まつざわてつろう》『分かちあう心の進化』岩波書店（2018）

山《やま》極《ぎわ》寿《じゅ》一《いち》『ゴリラ　第2版』東京大学出版会（2015）、『野生のゴリラと再会する　二十六年前のわたしを覚えていたタイタスの物語』くもん出版（2012）
平《ひら》田《た》聡《さとし》『仲間とかかわる心の進化　チンパンジーの社会的知性』岩波書店（2013）
古《ふる》市《いち》剛《たけ》史《し》『あなたはボノボ、それともチンパンジー？　類人猿に学ぶ融和の処方箋』朝日新聞出版（2013）
中《なか》村《むら》美《み》知《ち》夫《お》『チンパンジー　ことばのない彼らが語ること』中央公論新社（2009）

【日本でオランウータンに関する情報発信や保全活動を行っているＮＧＯ】
日本オランウータン・リサーチセンター：https://www.orangutan-research.jp/
ボルネオ保全トラスト・ジャパン：http://www.bctj.jp/
ＷＷＦジャパン：http://www.wwf.or.jp/
ウータン・森と生活を考える会：https://hutangroup.org/

久世濃子（くぜ のうこ）

1976年東京都に生まれる。理学博士。ボルネオの森と日本を行き来きし、研究を行い、オランウータンを愛する人々と「NPO法人日本オランウータン・リサーチセンター（おらけん）」を設立。オランウータンの魅力や彼らが絶滅の危機にあることを多くの人に知ってもらおうと、講演会やイベントを行っている。調査のために独学で学んだマレー語は、現地の人に「本当に日本人か？」と疑われるレベル。趣味は読書、好きな作家は上橋菜穂子。京都大学理学研究科、同野生動物研究センター、国立科学博物館人類研究部などの研究員を歴任。著書に、『オランウータンってどんな『ヒト』？』（朝日学生新聞社）、『オランウータン　森の哲人は子育ての達人』（東京大学出版会）、共著に『正解は一つじゃない　子育てする動物たち』（東京大学出版会）がある。

共同研究者：

金森朝子（京都大学野生動物研究センター）、山崎彩夏（東京動物園協会）、田島知之（京都大学宇宙総合学研究ユニット）、蔦谷匠（海洋研究開発機構）、Renata S. Mendonça（京都大学霊長類研究所）、Henry Bernard 博士 (マレーシア・サバ大学熱帯生物保全研究所)、Mr. Titol Peter Malim (サバ野生生物局)

協力：

幸島司郎博士、山極壽一博士、松沢哲郎博士、半谷吾郎博士、田村光平博士、木下こづえ博士、伊谷原一博士、河野礼子博士、坂上和弘博士、木村えみこ氏、Marc Ancrenaz 博士、Isabelle Lackman-Ancrenaz 博士、Waidi Sinun 博士、Glen Reynolds 博士、京都大学野生動物研究センター、サバ野生生物局 , マレーシア・サバ大学熱帯生物保全研究所 , サバ財団 , Borneo Nature Tours SDN. BHD., Borneo Rainforest Lodge、多摩動物公園

調査助手：

Eddy Boy、Saimon、Unding Jami、Bernadus Bala Ola、Alex Ander、Patir、Baim、Dedy Bin Mustapa、Azizan Bin Sailim、Azwandy Arimin、Ziffyon Minsun、Poleh Bin Inging、Hendry Pondey 、Boy、Kirmizi Bin Rosliu、Akin、Donny、Denny、Lijor Bin John、Lius Bin Apok、Elvis Chin、Elny Dencio、Jaidi Bin Jolin

写真提供：久世濃子、川嶋隆義、Calvin Ng、日本オランウータン・リサーチセンター

イラスト：秋草愛
装丁・本文デザイン：中嶋香織
企画・編集：川嶋隆義　スタジオ・ポーキュパイン

オランウータンに会いたい
2020年3月31日　初版発行

著　者　久世濃子
発行者　岡本光晴
発行所　株式会社あかね書房
〒101-0065　東京都千代田区西神田 3-2-1
電話　営業 (03)3263-0641　編集 (03)3263-0644
印刷所　中央精版印刷株式会社
製本所　中央精版印刷株式会社

 177ページ　22cm
ISBN978-4-251-07310-5 C8095

https://www.akaneshobo.co.jp

オランウータンのメス
テングザル
ツノサイチョウ
イチジクの木
ミュラーテナガザル
ショウガ科の植物
サトイモ科の植物
マレーグマ
ボルネオゾウ
サンバーのメス